Marvin Chlada
Gerd Dembowski

Die neuen Heiligen
Band 2

„*Der Massenverachtung wird bezichtigt, wer ausspricht, was die Welt den Massen angetan hat und was sie zurückspiegeln, und wer nicht der Schmach dessen sich beugt, wozu das Bewusstsein der Menschen verurteilt ist und woran sie, nach Kants Wort selbstverschuldeter Weise, sich klammern. Ideologen, die am lautesten die Werte im Mund führen, pflegen zynische Werte für die jeweils von Verwaltungen vorgesehenen und ermittelten statistischen Gruppen zu empfehlen. Sie sind die wahren Hochmütigen: Menschenverachtung bleckt die Zähne aus dem nachsichtigen 'Lasst doch den Menschen das Vergnügen'. Verhasst ist ihnen die mögliche Mündigkeit.*"

Theodor W. Adorno

Marvin Chlada
Gerd Dembowski

Die neuen Heiligen

Reportagen aus dem Medien-Himmel

***Band 2**: Franz Beckenbauer, Dalai Lama, Jenny Elvers und andere Aliens*

Alibri Verlag
Aschaffenburg

2001

Deutsche Bibliothek – CIP-Einheitsaufnahme

Ein Titeldatensatz für diese Publikation ist bei
Der Deutschen Bibliothek erhältlich.

Dieser Band ist Josephine Baker, Ruth Berlau, Nestor Burma, Holo-Claus Cohnen, Jean-Luc Godard, Charlie Haden, Donna Haraway, Klaus Mann und dem Mao Dada sowie Cesar Luis Menotti, Heiner Müller, Antonio Negri, Herrn Nilsson, Jan Carl Raspe, Masataka Saijo, Ilona „Cicciolina" Staller, Al Fuzzy St. John, Tank Girl und dem unbekannten Piraten gewidmet.

Erneut diabolischer Dank an Claudia Schmid und Tanja Seger

Bildnachweis:
Seite 11: Bildzeitung, 23.1.2001; Seite 18 und 25: Privatbesitz Gerd Dembowski;
Seite 148: TAZ, 21./22.10.2000
Bei einigen Abbildungen konnte die Urheberschaft nicht geklärt werden; sollte jemand Urheberrechte daran besitzen, möge er/sie sich mit dem entsprechenden Nachweis an den Verlag wenden.

Alibri Verlag
Aschaffenburg
Mitglied in der Assoziation Linker Verlage (*aLiVe*)

1. Auflage 2001

Copyright 2001 by Alibri Verlag, Postfach 100 361, 63703 Aschaffenburg

Alle Rechte, auch die des auszugsweisen Nachdruckes, der photomechanischen Wiedergabe, der Herstellung von Mikrofilmen, der Einspeicherung in elektronische Systeme sowie der Übersetzung vorbehalten.

Umschlaggestaltung: KomistA, Sternstr. 35, 63450 Hanau
Druck und Verarbeitung: GuS Druck, Stuttgart

ISBN 3-932710-35-5

Inhaltsverzeichnis

Marvin Chlada / Gerd Dembowski
Fuzzy Media Experience 9

Trimm-Dich-Heilige ....

Marvin Chlada / Gerd Dembowski
Sport ist Gott
Ein Gebet für Lothar Matthäus, Boris Becker, Steffi Graf
und andere Masochisten 22

Jörg Berendsen
Brumm, brumm, brumm...
Unser aller Schumi 29

Gerd Dembowski
„Ja, is' denn heut' scho' Weihnachten?"
Der Beckenbauer Franzl schaut einmal 32

Marvin Chlada / Gerd Dembowski
Und täglich drückt der Fußballschuh
Ausgewählte Standardsituationen 37

Gerd Dembowski
„In der Tat..."
Im Netz des seligen Günter 56

Pop-Heilige

Marvin Chlada / Gerd Dembowski
„Wunder gibt es immer wieder"
Ein Gebet für Jürgen Drews, Michael Jackson, Dr. Motte
und andere Talente 60

Marcus S. Kleiner
Xavier Naidoo – Straßenkehrer Superstar 65

Gerd Dembowski
(Post-) Modern Talking
Die Auferstehung der Scherzengel 78

Stefan Heinzmann
Das Buch Metallica 84

Marvin Chlada
Unterwegs im Auftrag des Herrn
Der Kreuzritter Guildo Horn 87

Marc Oliver Hänig
„Bitte nicht wiederwählen: Bingo Ingo"
Das Shitparaden-Aus und andere perfekte Erbrechen 89

Nostra „Scratchy" Damus
Pop-Prophezeiungen
Die vier Jahrhunderte lang verschollen geglaubten drei- bis
sechszeiligen Weissagungen des großen Arztes und Astrologen 95

Frank Ilschner
The making of Blümchen 97

Boulevard-Heilige

Gerd Dembowski
Warhols Rache
Gezindlert und Gemoshammert 104

Marvin Chlada
Jenny Elvers Busenstar
Eine Liebeserklärung 107

Jörg Zappo Zboralski
„Nach hause telefonieren"
Aliens und Eskapismus 114

Marvin Chlada
Die perverse Prinzessin
Das wahre Sexualleben der Lady Di 118

Michael Schmidt-Salomon
Big Mama is watchig you
Wie die Jungfrau Maria Deutschland errettete und
in den Trash-Himmel gelangte 122

Schein-Heilige

Gunnar Schedel
Das Gottesluder Teresa
Von Müttern und Märchen 132

Marvin Chlada
**Zettelkasten-Soziologie oder Sind wir nicht alle
ein bisschen Luhmann?** 138

Clara und Paul Reinsdorf
Die Grinsebacke
Ein Lama spukt durch die Weltgeschichte 147

Johannes Finke
Universum Schlingensief: Prophet des Scheiterns und Störens
Ein bisschen über die Philosophie des Christoph Schlingensief
und ein paar Zitate zum Thema und auch nicht 151

Martin Büsser
Spaßkritik
Die Anpassung der Intellektuellen an den Markt 156

Nostra „Scratchy" Damus
Das Schweigen der Lämmle
Die letzte Prophezeiung des großen französischen
Arztes und Astrologen 163

Literaturtipps für entspannte Stunden 164

Autoren und Gesprächspartner 166

Marvin Chlada / Gerd Dembowski
Fuzzy Media Experience

> *"Television, the drug of the Nation, breeding ignorance and feeding rediation."*
> The Disposable Heroes Of Hiphoprisy

> *"Fernsehen ist nicht zum kommunizieren da, sondern um Befehle zu übermitteln."*
> Jean-Luc Godard

Die obszöne Bilderfabrik

„Die Massenmedien", beobachtete Niklas Luhmann ganz richtig, „erzeugen eine transzendentale Illusion." Und mitten in dieser Illusionsmaschinerie machen die neuen Heiligen ihrem Namen inzwischen alle Ehre: „Der dicke Harry – ein Wunderheiler?", fragte die *Bild am Sonntag* am 8.10.2000 und meldete folgende Begebenheit: „Er greift Jörg an den Po, legt seine große Hand auf Danielas Brust. Und auch zu den anderen Mitbewohnern im TV-Container sucht der tätowierte Harry (40) immer wieder Körperkontakt. Was denkt bloß Ehefrau Gertie (43), die ihren Harry bei 'Big Brother' so auf dem Bildschirm sieht? Die bleibt ganz gelassen und sagt: 'Harry will den anderen nur helfen. Seine Hände haben heilende Wirkung.'" Denn Harry, so erfahren wir, beherrsche die japanische Naturheilmethode Reiki. Ein Foto beweist: Harry ist sogar im Besitz eines Reiki-Diploms. „Und was war mit Danielas Brust?", will *BamS* wissen. Gerties Antwort: „Das war zur Beruhigung." Ob Harry aus eben diesem Grund auch an Jörgs Hintern griff?

eine vollkommen neue Realität, die mit der Wahrheit, den wahren Geschehnissen, kaum mehr etwas zu tun hat."

Postmoderne Lavaterei auf *Bild*-Niveau

Sei's drum: „Der Arsch", sagt Jean Baudrillard, „ist nur noch ein *special effect.*" Und Effekte beherrschen bekanntlich die Medien. Besonders die erotischen bis obszönen Effekte. Da lässt Verona Feldbusch den ollen Spaßgoebbels Raab schon mal tief in ihren Ausschnitt blicken. Oder Ramona Drews entblößt im Schweizer Fernsehen mir nix, dir nix ihre Brüste, um das Studio fünf Jahre nach der Geburt ihrer Tochter mit selbst körperproduzierter Milch zu bespritzen – worauf sich Gatte Jürgen als Muttermilch-Konsument outet und Journalisten sich aufmachen, um ahnungslosen Passanten auf den Gaumen zu fühlen: „Sie haben gerade Muttermilch getrunken, was sagen Sie?"

Tja, was soll man (noch) sagen? Dass letztlich *alles* dem „Konformismus der Moden" (Félix Guattari) und dem Diktat der Einschaltquote unterworfen und somit *sinnlos* geworden ist? Glauben wir Jean Baudrillard, dann dient das Nackige und Obszöne innerhalb der Bilderfabrik nur noch dem verzweifelten Versuch, die Existenz von irgendetwas hervorzuheben: „Dieses ganze Arsenal von Brüsten, Pos, Geschlechtsteilen hat keinen anderen Sinn als folgenden: Die nutzlose Objektivität der Dinge zum Ausdruck zu bringen." Und neue *Realitäten* zu konstruieren. Der Ablauf ist simpel und auf seine Art nicht weniger obszön, folgt er doch dem immer gleichen Muster, das Wes Craven so anschaulich in seiner *Scream*-Trilogie zum Thema machte. „In *Scream 2*", so Craven in einem Interview, „erleben wir Momente der ersten Geschichte aus der Sicht einer Sensationsreporterin, die all diese Dinge ja selbst erlebt hat. Trotzdem hat sie in dem Buch, das sie über die Geschehnisse geschrieben hat, viele Dinge verändert und viele Personen anders beschrieben, als sie in Wirklichkeit gewesen sind. Zur Rede gestellt antwortet sie, sie habe dies nur gemacht, damit die Geschichte dramatischer wirke. So kreieren die Massenmedien

> *„Wenn jemand Sport oder Sexskandale oder die Prominenten und ihre Probleme unglaublich wichtig findet, ist das okay. Es ist egal, wofür die Leute sich interessieren, solange es nichts wichtiges ist. Die wichtigen Angelegenheiten bleiben den großen Tieren vorbehalten: 'Wir' kümmern uns darum."*
> Noam Chomsky

Aufklärung als Massenbetrug? Man sollte meinen: Das weiß doch (fast) jeder – und wer will schon beschissen werden? Niemand. Kein Wunder also, dass die Medien alles daran setzen, um „authentisch" (also „echt" und „wahr") zu wirken, wobei ihre „authentischen" Produkte bereits im Vorfeld zur Farce werden, wenn sie sich beispielsweise als *Reality Show* präsentieren und somit selbst negieren. Das stört die Macher freilich wenig. Sie glauben an die gute Sache. „Fernsehwahrheit", so Jean Baudrillard, „ist ein in seiner Zweideutigkeit (Amphibologie) bewundernswerter Terminus".

TV banal oder „Alles Mafia!" (Stephan Maus)

Bereits ihrer ökonomischen Abhängigkeit wegen (von der Wirtschaft, der Industrie oder, um es „altmodisch" auszudrücken, vom Kapital), besitzt die „Fernsehwahrheit" eine kriminelle Qualität, welche den „massenmedialen Maschinenbetrieb und seine Gleichbedeutung mit Notstand und Verzweiflung" (Félix Guattari) kontinuierlich vorantreibt. Glaubte man seit Enzensberger Studien, dass *Politik und Verbrechen* identisch seien oder sich zumindest hervorragend ergänzen (was der „Fall Barschel", der Golfkrieg, dann die „Affäre Kohl" später noch mal bestätigten) und *Sex & Crime* einzig und allein in der Popkultur ein legitimes Zuhause haben (Kritik, Kunst), ist spätestens mit dem Tod des TV-Lieblings Walter Sedlmayr klar geworden, dass die Mafia sich in allen medialen Bereichen durchgesetzt hat und regiert.

Fernsehen? Wahrheit? Wer weiß? Comedy? Was soll's? Die Russen-Mafia, die zwecks Erpressung mittels „Samen-Raub" (*Bild*) Boris Becker das Leben schwer gemacht haben soll, ist eines der letzten Beispiele großer Unterhaltung. Darüber konnte selbst Harald Schmidt noch (der zu Beginn des Feldzuges gegen Jugoslawien die Klappe hielt) zu Gericht sitzen, ohne Gefahr zu laufen, als einbetonierter Harry den Grundstein eines neuen SAT.1-Gebäudes abgeben zu müssen. Alles halb so schlimm: Nicht die Russen-Mafia sondern die Medien-Mafia war am Werk.

Und weil nix mehr stimmt, jeder Wert (jeder Begriff, jedes Wort) sein Verfallsdatum bereits überschritten hat und „Gegengifte zur massenmedialen und teleinformatischen Uniformität" (Félix Guattari) noch immer fehlen, wundert es auch nicht, dass die Popkultur (so jung, so crazy, so dämlich) gleichfalls auf den Hund gekommen ist. Spätestens mit der *Love Parade*-Generation (Friede, Freude, Mottenkugeln) hat auch die zumindest zu Werbezwecken junggebliebene 68er Generation von Kriegsdienstverweigerern ihre politischen Ansichten dem herrschenden Zynismus geopfert. So schwärmte Al Gore während seines Wahlkampfes für Hank Williams, um gleichzeitig zu betonen, dass eine Freigabe von Marihuana bei einem eventuellen Wahlsieg nicht zur Debatte stehe. Wahlkampfsieger Bush feierte zu Country-Music und „Let the Sunshine in". Die Beach Boys und Ricky Martin gaben ihm schließlich ein Überraschungsständchen zum Besten.

> *„Das Problem der Massenkultur ist das folgende: Sie wird heute von 'Wirtschaftsgruppen', die Profitzwecke verfolgen, und sie wird von 'spezialisierten Ausführenden' betrieben, die dem Auftraggeber liefern, was er als besonders verkäuflich erachtet."*
> Umberto Eco

Deutschland freilich ist nicht Amerika. Aber fast: Hier schwärmt selbst ein Edmund Stoiber für die Beatles und Kanzler Schröder für Elvis Presley. Der Lieblingssong Außenminister Fischers heißt bekanntlich „Highway To Hell". Ob er ihn spielte, während die Bomben auf Belgrad fielen? Oder doch eher BAP?

Kurz: Pop ist tot und wird so schnell nicht wieder auferstehen. Selbst der Begriff Jugend ist mittlerweile zu einem „alltäglichen Mythos" (Roland Barthes) geworden, mit dem sich das Bestehende schmückt und legitimiert. Einzig Thomas Gottschalk hat das noch nicht begriffen: „What happened to Rock 'n' Roll? / Ich hab die Schnauze voll, / öder Techno, blöder Rap, / dazu tanzt ein gepiercter Depp. / Ich brauch Gitarrensound, / Deep Purple, Doors und Queen, / die Stones, Led Zeppelin / und im Notfall rettet mich / 'ne Dosis Guns 'n' Roses."

Was Gottschalk und seine Band *Die besorgten Väter* verschweigen, ist weniger die Tatsache, dass es den von ihnen beschworenen Generationenkonflikt seit den 1990ern nicht mehr gibt, sondern dass die Jüngeren in ihrem (Konsum-)Verhalten und Denken sich bereits mit den Urgroßeltern versöhnten, was ihnen eine „kulturelle Pseudo-Identität" (Félix Guattari) und sonst nichts vermittelt. Insofern ist alles Mafia. Ist alles Politik. Ist alles Pop. Ist alles deutsch hinter den englischen Wörtern. Im Klartext: *Love-Parade* (Hippietum, Militär), *Big Brother* (Kontrolle, Überwachung) und *Girlscamp* (Reichsarbeitsdienst im Mädchenlager, BDM).

Die beschleunigte Mediakratie

In der beschleunigten Web- und Mediakratie sind die Medien Instrumente zur Beherrschung administrativer, judikativer und politischer Prozesse. Ihr unentrinnbares Netz kann diese nicht nur beeinflussen, sondern je nach Bedarf selbst einleiten und simulieren. Deshalb kommen tagtäglich die neuen Heiligen, um uns einerseits anzuöden und andererseits zu Wahnsinnstaten in Kauf- und Überlebensshows zu animieren.

Solch postmoderne Mutproben sichern die darwinistische Anerkennung des Starken und der Leistung entgegen dem Schwächling und Spielverderber, der bleich bebrillt, wenigstens klammheimlich in seinem Wohnzimmer-Gefängnis den Beliebigkeitssiegen beiwohnen soll. So auch bei Günther Jauchs *Wer wird Millionär?* und Jörg Pilawas *Quiz-Show*, die die menschliche Sehnsucht nach sprichwörtlichem Glück, Chancengleichheit und den „Vom-Tellerwäscher-zum-Millionär"-Optionsschein zumindest auf dem Bildschirm kindergeburtstäglich einlöst. Die Rückkehr des Quiz formuliert einen Fürspruch zur Betonierung der Prüfung als Garant für gesellschaftliches Ansehen und finanziellen Erfolg. Dabei wird Leistung über die Fähigkeit zur Coolness, zu „emotionaler Intelligenz" (Daniel Goleman) und kybernetischem Leerwissen als Bildungsikonen der Mattscheibe belohnt.

Noch dazu ersetzt *Wer wird Millionär?* in der Computer-Version das abendliche Brettspiel und liefert das elektronisch einsame Trainingslager auf dem Weg zum ruhiggestellten Werkzeug einer virtuellen Realität. So werden individuelle Sinne vermasst und entkernt. Angesichts globalisierter Eliten muss schließlich die überflüssige Mehrzahl bei Laune gehalten und beschäftigt werden. Und da hilft es schon, wenn man ihr allabendlich suggeriert, sie hätte eine Ahnung. Der Rest versinkt im scheinbar schon implantierten Hirn-Konsumchip. Zu seiner ständigen Aktivierung genügt ein Wissen im Klappentextformat, die Interpassivität des Bücherkaufens um des Regalfüllens Willen.

In dieser bannenden Western- und Futureworld ist der glatzköpfige Fluchtlinienjäger, damals gespielt von Yul Brunner, gar nicht mehr nötig. Denn jeder schaut so oberflächenhungrig in das Potemkinsche Dorf der Mattscheibe, als wäre sie sein eigener Spiegel. Wie in Wes Cravens *Shocker*, ermöglicht die Selbstkasernierung den Sprung in den Bildschirm und bekommt religiösen Charakter: „Container oder Camping?", fragte *Bild* am 27.1.2001, „für Millionen Fans wird es wahrscheinlich eine Glaubensfrage".

Jeder artaudsche Aufschrei als Detonation von Sprache in ihrer grausamsten Form versickert scheinbar unbeachtet im Datenhighway. Utopie ist eben nicht Hoffnung – wenn man bedenkt, dass selbst die Widerlegung des angeblichen Racak-Massakers im Kosovo nicht zu einem Aufschrei gegen willkürliche Kriegsführung deutscher Minister und NATO-Bosse führt.

> „Die Normalität produziert nur eine vernachlässigbare Anzahl von Heiligen pro Raum-/Zeiteinheit. Sobald die Krise anbricht, dürfen sie ihre Weissagungen verzapfen."
>
> Agentur Bilwet

Stattdessen kaprizieren sich die Medien auf den heiligen Hooligan Joseph Martin Fischer, der als solcher der Meute ein viel bequemeres Amüsement bietet. Da bekennt Bundestagspräsident Wolfgang Thierse schon mal: „Auch heutige Skinheads könnten Minister werden."

Ohne die gesellschaftlichen Zustände anzutasten, inszeniert die Bundesregierung den „Aufstand der Anständigen" (Gerhard Schröder) als nahezu staatlich verordneten Antifaschismus zur Beruhigung des Auslands und seiner Investoren. Auswüchse einer rechten Hegemonie werden kurz ins Sommerloch gezappt, aber nicht ursächlich hinterfragt. Stattdessen dienen sie als Argument zur Etablierung von Zero Tolerance und gesetzlichen Notstandsverordnungen. Beliebigkeit im Zeichen repressiver Toleranz rules, und so kommt es nicht von ungefähr, dass ausgerechnet die neuen Heiligen ihr „Gesicht zeigen" gegen Rechts – im *Stern* und in abgeriegelten VIP-Bereichen auf Demonstrationen, die sie geschickt in Szene setzen: Widerstand, die Erste, bitte lächeln, Kamera läuft. Welch Zufall, dass die von der Bundesregierung im Sommer 2000 unterstützte Symbolkampagne „Gesicht zeigen!" beinahe zeitgleich im Titelsong der zweiten *Big Brother*-Staffel „Zeig mir dein Gesicht!" ihre beliebige Entsprechung fand.

Bei der Ausschlachtung solch kurzwieriger Zugeständnisse spielt auch der DFB erfolgreich mit. Die Ausrichtung der WM 2006 im Auge behauptete DFB-Vertreter Horst R. Schmidt noch im Sommer 2000 allen Ernstes, dass die Plakataktion „Mein Freund ist Ausländer" 1993 allein dazu geführt hätte, Rassismus in den Stadien vorerst vollständig zu verbannen. Anscheinend reicht dies aus, um geldbringende Images zu festigen, die Corporate Identity im salonfähig gewordenen Fußball zu verbessern und seinem zahlungswilligen Salonpublikum ein gutes Gewissen zu vermitteln.

„Weder zur Furcht noch zur Hoffnung besteht Grund, sondern nur dazu, neue Waffen zu suchen."
Gilles Deleuze

Selbst der Begriff Subversion ist mittlerweile geschützt, vermutlich durch den Popkomm- und Viva-Guru Dieter Gorny, der uns zu willenlosen Download-Kunden degeneriert sehen will, die die Schnauze halten und zahlen. „Subversion steht nunmehr im Dienste des Tunnelbaus zur Erschließung marktkompatibler Ideen" (Harry Nutt). So wird Subversion als Simulation schick und verkaufsfördernd, mit Revolution als nie eingelöster Option: Nein danke, nicht nötig. Deshalb taugt Subversion nicht als Begriff der Widerstandsästhetik. Und so lange es keine soziale Revolution gibt, kulminiert ihr technologisches Äquivalent in der Brutalisierung und Barbarisierung der Kulturen.

Fuzzy Media Experience

Der heutige Stand der sog. technologischen Revolution impliziert unumgänglich, dass jedem widerständlerischen Bildversuch der Wille anzusehen sein muss, „gegen das Bild zu kämpfen, so wie jede kritische Theorie sich gegen die Wirklichkeit behauptet" (Agentenkollektiv).

Doch ist das Bild nicht nur ein verzerrendes Konstrukt von Wirklichkeit, dessen Wahrnehmungssuggestion mittlerweile als bequeme Wahrheit und Sinnesersatz akzeptiert wird? Wogegen also wie kämpfen? – Was bleibt ist zuerst das konfuse Richten der alternativen Medienfäuste gegen sich selbst, die Selbstverlangsamung als Prämisse für ein Fuzzy-Werden. Dabei sollten Bilder weniger Fotos sein, sondern vielmehr „etwas wie eine Mao-Bibel. Eine Karte, auf der die Fallen eingezeichnet sind, die es zu umgehen gilt" (Eberhard Schmidt).

> *„fuzzy = unscharf, verwackelt, unbestimmbar, uninteressant, aber brodelnd, mit der Utopie des Entzugs"*
> Jean Luc-Dadache

Fuzzy-Werden beinhaltet zivilen Ungehorsam und ein Aufwachen jenseits des Wahns, zur Kenntnis genommen werden zu müssen, um den seelischen Indoktrinierungsangeboten des Kapitalismus zu widerstehen.

„Der autonome Umgang mit den Maschinen ist, sie als Störung einzusetzen" (Agentenkollektiv), wobei Fachvirologen und -trojaner diskutieren müssten, wo revolutionäre Kriterien für Killer-Anwendungen überhaupt noch anzusetzen sind. Dabei gilt es immun gegen die mutierte Information zu sein und darauf zu achten, den Widerstand nicht nur als straßenferne Cyberinsel zu bewahren, sondern immer wieder die Echtheit der Straße und Lebenswelten gegen die Verdrängung durch Virtualität zu behaupten. Make it more fuzzy! Die selbsterfahrene Verdopplung der gängigen Unschärfe bewirkt ungezwungen eine am Ende überlebende, einfache Losung: „Es geht nicht darum die Faust gegeneinander zu richten, sondern sie hochzuhalten" (Agentenkollektiv). Vielleicht aber dauert das große Kotzen über die allüberall verbindlich verkaufte Telepräsenz noch ein ganzes Jahrhundert an.

Der Kapitalismus hat als systemischer Sieger im Gegensatz zum real beendeten Spießerkram-Sozialismus eben uneingeschränkte Kreditwürdigkeit. Zur Zeit sieht es danach aus, als könnten die Vereinigten Staaten den zur Telepräsenz notwendigen Hightech-Boom auf Pump weiterhin zum Wirtschaftswunder umdefinieren. Trotz eines öffentlichen Schuldenstand von 5.718.517.343.351,92 Dollar im Januar 2001, was mittlerweile 350% ihres jährlichen Sozialproduktes und die offizielle Pleite bedeutet, verstehen die

USA in ihrem Gesellschaftskitt und medialen Helau mit der Parole 'Welthunger und Kriege für unsere Wirtschaft – Handy und Autos fürs Volk' ihre Misswirtschaft zu egalisieren.

Und entgegen dieser Partizipation an der Offizialkultur, entgegen dem Spaß? Ausschließlich Analyse und Reflexion? Kann das „Recht auf schlechte Laune und Traurigkeit" (Markus Flohr) im Angesicht aller Spaßbesoffenheit einen Weg abseits des grufti- bis tocoesken Feinfühl-Shantings einschlagen, gar Fluchtlinie einer freudigen Fuzzy-Kultur (der Vereinzelnden) werden? Wenn es wenigstens ein Wink ins Fluchtliniengewimmel wäre, dürfte die Berufung darauf nicht dazu führen, dass das selbsternannt Befreiende die gleiche verzerrte Fratze zeigt wie das zutiefst Unterdrückende. Aus schlechter Laune und Traurigkeit sollten eine „aktive Utopie" (Deleuze/Guattari) und emanzipierte Lust gegen den Spaßterror erwachsen. Zuvor bietet Abneigung „keine Perspektive, sondern ein Vorstadium der Wut" (Agentur Bilwet) – für (kapitalakkumulative) Perspektiven sind andere, z. B. die neuen Heiligen zuständig.

Bis auf weiteres bedeutet die mit ihrer Hilfe einsetzende Eroberung des Cyberspace als Ersatzhorizont die Befriedigung imperialistischer Triebe – mit Machtsicherung durch die mediale Überwachung des Lebens. Parallel existiert in einer „überbelichtete(n) Welt ohne tote Winkel" (Paul Virilio) das Nebenan nur noch in

„Unproduktives Elend. Orgie des Mitleids. Appell des Scheiterns. Dagegen. Die Wirtschaft."

Ivan Stanev

künstlich aufgewerteter bzw. verklärter Regionalisierung und ist im Sinne zwischenmenschlicher und existenzpolitischer Empfindsamkeiten weiter weg als Wladiwostock. „Statt eines 'Endes der Geschichte' erleben wir also dasjenige der Geographie" (Paul Virilio). Denn das wirkliche Fernsehen als In-die-Ferne-sehen ist Realität, mit dem unverändernden und garantiert schmerzlosen Blick per Klick in die entferntesten Winkel der Welt.

Es bilden „Neoliberalismus, Genetik und amerikanische Vorherrschaft ein einheitliches Wertesystem, dessen Feindbild der Mensch als soziales Wesen und frei bestimmendes Subjekt ist. Für die Pfaffen der Ökonomie reduziert sich alles Bestehende auf das allgemeine Äquivalent des Geldes, für die Apostel der Technologie auf Gene und Moleküle. In beiden Fällen gilt: Die Welt ist alles, was manipulierbar ist" (Guillaume Paoli). Bis dies in seiner letzten Konsequenz durch Klone und Nanoreplikatoren umsetzbar wird, bilden die neuen Heiligen ein erfüllungshelferisches Rädchen im Gesellschaftspattex. „An diesem Modell kann man bereits erahnen, was mit der Molekularelektronik auf uns zukommt." Als nächstes könnte es darum gehen, „Menschen in einem immer desolateren Umfeld überlebensfähig zu gestalten" (Guillaume Paoli). Und möglicherweise gibt es auf dem Weg dorthin irgendwo mal einen nützlich neuen Oberheiligen, geklont aus Thomas Gottschalk, Franz Beckenbauer, Mutter Teresa, Verona Feldbusch und anderem Blödarsenal. „Nichts ist unmöglich", erklärte Mao einst seinem Leibarzt Li Zhisui, „wenn man nur will."

> *„Ohne Utopie kann man nicht leben. Nicht auf Dauer, ohne Schaden zu nehmen. Sicher, man kann mit dem Fickbomber nach Bangkok fliegen, dazu freilich braucht man keine Utopie."*
>
> Heiner Müller

Trimm-Dich-Heilige

Marvin Chlada / Gerd Dembowski
Sport ist Gott
Ein Gebet für Lothar Matthäus, Boris Becker,
Steffi Graf und andere Masochisten

Sport funktioniert als gesellschaftlicher Kitt, wenn es genug Beiläufiges hochzustilisieren gibt. Dazu gehört die ständige Produktion von Stars oder Sportlern als Markenprodukte und Unterwerfungsmodelle, als Lichtgestalten und Leitwölfe. Zur Aufblähung von Konsumblasen lassen die sich dann als Erfüllungsgehilfen der Bewusstseins- und Werbeindustrie bis in den Kleiderschrank verfolgen (wenn nur mit genügend Scheinen gewunken wird). Weil Sponsoren und die Medien das einerseits so fordern, schleudern immer mehr Sportler ihr Vielgelaber in die Welt, so dass der tägliche Boulevard-Zeitungskonsum einer gedruckten Form der RTL-Real-Soap-Opera *Big Brother* nahe kommt. Auf die Spitze getrieben wird es durch tägliche Pressekonferenzen des FC Bayern München, jahrelang personifiziert durch den 100 Jahre profierfahrenen Lothar Matthäus. Auch Skandale taugen, weil man sich aus ihrer Asche quotenschwängernd erheben kann. Dabei werden manchmal Seifenblasen zu Skandalen geschrieben, die einem in die Alltagswelt implantierten Star nicht langfristig etwas anhaben können, sondern wiederum das gegenseitige Händewaschen verstärken. Es geht also andererseits darum im Spiel zu bleiben, seinen Marktwert zu stabilisieren oder zu steigern, mögen die getätigten Aussagen noch so blöde sein, Hauptsache sie sind neu und möglichst exklusiv.

Zum „dabei sein" und „mitspielen" im Behauptungskampf um den eigenen Marktwert kam bei Lothar Matthäus ein ausgeprägtes

Geltungsbedürfnis. In der aktiven Zeit des Herzogenaurachers verging kaum ein Tag, an dem er nicht zu seiner Gemeinde sprach und sich den Mund verbrannte. So z. B. geschehen durch Subbaloddars besondere Abneigung gegenüber Niederländern, die ihm 1980 den Einstand als Nationalspieler vermiest hatten. Beim Stand von 3:0 für die Derwall-Elf kam er rein, verursachte per Sense übermotiviert einen Elfer und verunsicherte das DFB-Gekicke so sehr, dass noch so eben ein knappes 3:2 über die Zeit gerettet werden konnte. Im Unterbewussten brodelte es seitdem immer wieder beim Anblick orangefarbener Trikots und bei Europapokal-Spielen gegen niederländische Teams. Aber das emotionale Racheventil unterdrückter Triebenergien öffnete sich erst beim Oktoberfest 1993. Dort pöbelte Matthäus einen schnappschießenden Hobbyfilmer an und keifte: „Ach, auch noch Holländer. Das sind sowieso alles Arschlöcher." Und: „Du bist wohl vergessen worden vom Adolf." Spätestens von da an mochten ihn auch die Holländer nicht mehr allzu sehr. Harmoniebedürftig im Alter begann Matthäus-Methusalem zum Ausklang seiner Karriere zu schleimen: „Holländer haben Lebensqualität. Sie sind locker drauf, sie sind lustig, sie feiern gern, trinken gern Bier, sie sehen die Dinge des Lebens nicht so ernst. Eigentlich ist das eine Mentalität, wie ich sie auch habe. So gesehen trage ich holländische Züge in mir." Es müssen ganz bestimmte, besonders tiefe Züge gewesen sein, die Lothar im Februar 2000 in Amsterdam zu so einer Aussage beschwingt haben. Abgenommen jedoch haben ihm die Niederländer diese vorgetäuschten Lungenzüge sicher nicht.

Seine vorübergehend letzte Station sollten die New York / New Jersey MetroStars werden. Diese heilige Mission glich einem verdeckten Schachzug des Goethe-Institutes. Denn die gesteigerte Anglizismen-Flut bekämpft man am besten von außen und so schien es Lothars Auftrag zu sein, die englische Sprache mit grauseligen Germanismen zu unterwandern. Immer wieder gern genommen war „I come here for play soccer" oder „I hope we have a little bit lucky". In seinem Wahn, den Amerikanern den Herberger zu machen, revolutionierte Lothar die Fußballsprache der neuen Welt: „We play with big heart but many times we play without head", ließ er verlauten oder „Which teams make a lot of mistakes lose normally the game. These things we must learn, but we have not a long time for learning." Fußball ist eben anders als dieses Basketball: „You don't must shoot at the goal after 24 seconds, you don't must play every time away. You can play back and can switch and this is soccer." Die Metrosterne mussten diese bedeutsamen Tautologien erst einmal sacken lassen und verloren Spiel um Spiel. Als Matthäus dann bei der Euro 2000 weilte, fiel der Groschen und sie erklommen ohne Lothar die Tabellenspitze der Major League.

Knapp vor Lothar Matthäus kürte die *Bunte*-Leserschaft Oliver Bierhoff 1998 zum erotischsten Fußballer Deutschlands – ein weiteres Beispiel für verkrampfte Starsuche. 1996 hat der mal ein Golden Goal geschossen, das der DFB-Elf glücklich den EM-Titel bescherte. Seitdem wird er ununterbrochen von DFB-Auswahltrainern, der Werbeindustrie und meistens auch in der Sportberichterstattung hofiert. Als fußballerisches Double von Til Schweiger jault er tonvergriffen im Fiepssingsang „Dany Sahne von Danone" und wird seiner aalglatten Persönlichkeit auch äußerlich gerecht, indem er sich L'Oréal in die Gewürzlocken schmiert. Bierhoff ist ein Vorzeige-Übermensch für Jogginghosendeutsche, der seit seinem Golden Goal sportlich in der DFB-Elf nichts mehr gebracht hat. So steht der Rumpelfußballer mit hölzerner Statur und bleiernen Bewegungen als hübsch-geklonter Hrubesch werbewirksam vorne rum und wartet auf sein nächstes Golden Goal, das ihm dann wohl genug Publicity bis zur Rente bringen wird.

Boris Becker seinerseits sediert sich nicht zur Rente, sondern will Ion Tiriac werden. Als kleiner, cholerischer Feuermelder wurde er einst von Geldvampir Tiriac aus Mamas Schoß gerissen und an den Tennisplatz gekettet. Für Becker als Werbestar, als Fußballflaneur, Tennisfachmann in Notlagen, und nicht zuletzt als eigenes Imperium ist es nach seiner aktiven Laufbahn vielleicht der einzige Weg, um die Freudsche Kategorie des Vatermords an Nanny Tiriac abzuarbeiten. Um die unternehmerische Anerkennung des dubiosen Sprenkelbartträgers zu gewinnen, gründet Becker deshalb Marketingagenturen zur Verschiebung von Sportstars.

Als junger Bumm-Bumm unbeholfen im Tennis-VIP-Zelt, heute plötzlich multimedial versierter Neu-Yuppie? Auf dem Schoß des Funktionärs Tiriac, der in den Medien lange Zeit als kapitalistisches Yin zum kommunistischen Yang Ceaucescus herhalten musste, konnte sich Becker einige Handgriffe zwischen Ausbeutung und Aktienfond abgucken.

Als Becker nach seinem Karriereende einen Werbespot für Nutella abdrehte, hofften Kenner nur auf eine harmlose Nachwehe: okay, der alternde Tennisspieler nimmt noch mal den ein oder anderen Bonus mit, bevor er sich auf Monaco der letzten familiären Ölung hingibt oder als nickender Co-Kommentator beim ZDF endet. Als ihm Kritiker aber schauspielerisches Talent nachsagten, mussten Cineasten sogar eine Neuverfilmung des Eifel-Westerns *Potato Fritz* (in den 80ern unsagbar gefloppt mit Paul Breitner an der Seite von Hardy Krüger) befürchten.

Jährlich über 10.000 **Abschiebungen durch die Lufthansa**

„Und dabei waren Sie schon drin."
Boris Becker
http://www.deportation-alliance.com

Doch Becker drängte es weniger zu künstlerischen Weihen. Vermutlich wies sein kommabetonender Lieblingslückenbüßer „Ähhhm..." auf die Arbeitsgeschwindigkeit seiner Syntaxmaschine hin und ihn somit in seine schauspielerischen Schranken. So folgten nur weitere kommerzielle Kurzfilme. Fortan beschränkte er sich in Werbespots für AOL darauf, uns den Internet-Idioten zu machen. Zudem gediehen seine unternehmerischen Gehversuche, so dass Becker heute vielseitig „drin" ist. Auf der Transformation zu neuen Idealen ist er sich seines heiligen Status bewusst: „Ich bin keine nationale Größe", tönt Becker bescheiden, um dann nachzulegen: „sondern einer der bekanntesten Menschen der Welt. Wenn ich will, kann ich im Fußball und Tennis jeden Spieler bekommen." Möglicherweise führte solch Selbstbewusstsein auch zur mediengerechten Auszahlung von Ex-Ehefrau Barbara.

Von Becker zu Beckenbauer ist es nicht weit und die Imperienansammlungen sind inbegriffen: Boris Becker steigert als Hans Dampf in allen Gassen seinen Marktwert und drängt mit seinem guten Namen an die Börse. Er könnte das Paradebeispiel für die „Inszenierung einer neuen Gründerzeit" (Robert Kurz) sein, Kanzler Schröders junger Vorzeige-Existenzgründer für den wirtschaftlichen Aufschwung, wenn da nicht ein Haken wäre: Becker zahlt seine Steuern immer noch im Ausland – Scheiße aber auch.

Steffi Graf hatte da von den Machenschaften ihres Papas gelernt und machte zum Karriereende nicht in Steuerhinterziehung, sondern in Liebe. Auch für die Öffentlichkeit hatte zuvor der Papa die Rolle des Judas übernommen, und um so mehr durften wir Steffi lieben und verehren. Wie hatte Tochter Graf doch unter den Steuergeschichten ihres Alten gelitten! Die Arme! Und dann hat sie sich geschunden für ein Come-back. Ach, die edle Graf. Die Rente sei ihr gegönnt. Vor allem aber die Liebe! Jetzt strahlt sie wieder, die Graf. Ist das nicht herrlich? „Ganz Deutschland" (*Bild*) freut sich über ihren neuen Lover, Herrn Agassi, jenen Kerl, der Frau Graf fortan den multiplen Abgang verschafft – eine gute Wahl. Anstatt eines edlen Diwans wird in ihrem gemeinsamen Schlafzimmer regelmäßig die rote Asche gewalzt – denn auf diesem Belag ist der wilde Agassi bekanntlich besser als auf Rasen oder Teppich. Sicher werden die Kids mit Tennisschlägern geboren. O Freude, Leute! Bald gibt's die Fotos.

Immer wieder wollen die Trimm-dich-Heiligen uns in Versuchung führen und uns erlösen von dem Bösen. Im Mittelpunkt des sportlichen „dirty talk" der ersten Jahreshälfte 2000 standen Pipibecher und Sackhaare des Leichtathleten Dieter Baumann, der nach einem dauernervigen Hin und Her um positive Dopingproben wieder die Lizenz zum Laufen bekam, wie die Jungfrau Maria ihre ersten Laufschuhe. Überschneidend schickte uns der unfehlbare

Sportplan dann die Tour de France, die Joe Bauer, Kolumnist der *Stuttgarter Nachrichten*, als einfältige Daily Soap entlarvt: „Was für ein überwältigender Anblick, wenn der Pulk frisch rasierter

Rennfahrerbeine – im verhangenen Sonnenlicht aquarellhaft hingetupft und vom heißen Asphaltspiegel elektrisierend verfremdet – der Kamera entgegenfliegt. Und gleich dahinter in Rudi Altigs

kurpfälzlerisch behaarten Männerarmen landet. Erregender wäre kein Massensturz aus der Perspektive des Hubschraubers."

Genießen Sie nun die folgenden Flüche, auch wenn Sie vermuten, die Autoren sehen das alles viel zu eng. Lassen Sie sich nur einmal mal nicht gehen, obwohl Sport für Sie vielleicht eine Herzenssache ist, obwohl Sport vielleicht eine Seite ihres Wesens berührt, die nicht vom Intellekt bestimmt wird.

Jörg Berendsen
Brumm, brumm, brumm
Unser aller Schumi

Du als Formel 1-Begeisterter: Was fasziniert Dich generell am Brummkreisel-inne-Runde fahren?
Den letzten Hauch von Begeisterung hat die Formel 1 schon spätestens dann verloren, wenn Kai Ebel die Boxengasse betritt und hyperventilierend die letzten Neuigkeiten zu erhaschen versucht. Wen interessiert es ernsthaft, wie Schumi & Co vor dem großen Rennen geschissen haben oder welche Farbe die linke Socke hat. Vielleicht die Schumi-Jünger, die sich wild masturbierend durchs heimische Wohnzimmer bewegen und dabei ihr rotes Leichentuch beflecken. Ich hoffe, es sind nicht zu viele. Die Heilung dieser Neurose könnte mit einer Postexistenz als Bolide enden.
Ich begnüge mich vornehmlich damit, dass auch tote Maschinen, sobald sie zu neuem Leben erwachen, den Reiz des Mechanischen unverkennbar erklingen lassen. Ungedämpfter Sound, echter Klang, keine abgewürgten Kastraten mit zugestopften Rohren, die nur ein leises Rascheln und Klimpern aushusten. *Das* ist es, was einen wahren Brummkreisel ausmacht.

Wie genießt Du ein Formel 1-Rennen? Beschreibe doch mal so einen Tag.
Das Wichtigste ist die Vorbereitungsphase. Einfach einschalten und zugucken funktioniert nicht. Freies Training am Freitag, Qualifikation am Samstag, Warm-Up am Sonntagmorgen und zum Höhepunkt: das Rennen am Sonntagnachmittag bei Kakao und Kuchen. Zwischendurch, einige Informationen über Fahrer und

Fahrzeuge, heiter kommentiert von Florian und Niki. Und dann, zuschauen, wie Schumi in der ersten Runde locker ins Kiesbett katapultiert wird. Aus. Macht aber nichts, denn es gibt ja noch Bravo TV.

Wie beurteilst Du die daily-soap-artige Aufnahme in den Boulevardblättern, überhaupt den ganzen Hype?
Michael Schumacher ist anerkannter Leistungsträger, genauso wie Bobele und unsere Steffi. Die Boulevardpresse hat sich seines Namens redlich bedient. Jeder weiß, wer Schumi ist.

Schumis gebrochenes Schienbein überschattete 1999 zeitweise das Erdbeben in der Türkei in seiner Nachrichtenpriorität. Was soll das?
Böse Zungen würden jetzt sagen: Ein Erdbeben ist nun einmal kein Beinbruch. Aber es ging um die Weltmeisterschaft, um den Held der Nation. So kurz stand Ferrari schon lange nicht mehr vor dem ersehnten Weltmeistertitel und dazu mit Schumi am Knüppel, frisch vom Papst gesegnet. Das muss eine göttliche Eingebung gewesen sein.

Dich interessieren doch nur die Boxenhäschen, komm hör doch auf! Hast Du schon einmal persönlich Erfahrungen mit Kiesbetten gemacht?
Es gibt einige scharfe Kurven, die einen schon einmal geradewegs ins Kiesbett befördern könnten. Es ist aber immer davon abhängig, wie man die Maschine im Griff hat und den kann man schnell verlieren. Hängst Du einmal im Kiesbett fest, ist das Rennen gelaufen und Du kannst zusehen, wie Dich jemand aus dem Sumpf befreit. Vielleicht weiß die Antwort der gleichsam an Chomsky und Aristoteles geschulte Kulturkaspar Jean-Luc Dadache?

Du als Tausend-Tüten-Guru: Wäre Schumi eher der Kiffer, der kommerziell auf 'ner Welle schwimmend im Hanfdress fahren würde? Oder steht er eher auf den klassischen, gepflegten, ja vielleicht sogar bewusstseinserweiternden Gebrauch?
Hanf brennt besser als Baumwolle. Würde während der Fahrt mal Glut auf den Dress fallen, gäbe es Lochfraß im feuerroten Stram-

pelanzug. Jeder Formel 1-Fan weiß genau: der cw-Wert verschlechtert sich und Schumi pfeift aus dem letzten Loch. Dann wäre die Weltmeisterschaft mal wieder im Arsch. Das würde letztendlich beweisen, dass Hanf nichts im Sport zu suchen hat.

Versuchst Du so zu sein wie Schumi: im Straßenverkehr, kinntechnisch und vom Kontostand her? Ist Schumi ein neuer Heiliger?
Mein Auto ist zwar rot, aber wenn ich mich genauso verhalten würde wie Schumi auf der Rennstrecke, wäre mein Punktekontostand ähnlich hoch. Nur Heiligen vergibt man vielleicht ihre kleinen Sünden. Mir schrumpft dabei das Kinn ins Nichts. Ich hoffe auf Erlösung. Amen.

Die Fragen stellte Gerd Dembowski.

Gerd Dembowski
„Ja is' denn heut' scho' Weihnachten?"
Der Beckenbauer Franzl schaut einmal

„Lichtgestalt", „Armani auf dem Fußballplatz", „fleischgewordene BMW-Version eines Opel Manta", „Cosmos-Polit", „Gockel von Giesing", „Fast-Buddhist", „Kybernetiker des Rasens", „Lederball-Durchlaucht", „Grazie mit Kalkül", „Lieblingskind des Schicksals", „Plutarch des grünen Rasens", „Mitsubishi-Verkäufer", „Symbol des Spätkapitalismus im Zeitalter seiner Refeudalisierung", „Sonntagsblume der Natur", „Spitzenficker", „Suppenfranz", „Symbol des 'Made in Germany'" und „Nachkriegsidol" – Lobeshymnen gibt es im Dauerregen für diesen Mann, der nie im selbigen stehen muss. Er steht höchstens im Blitzlicht seiner eigenen Gestalt – oder im weihnachtlichen Werbeschnee, wo er zwergenähnliche Nikoläuse zum Lachen bringen muss. Vergessen wir einmal die Nikoläuse, all die anderen siebzehn Vereinchen in der ersten Bundesliga und das ganze Fußvolk um ihn herum, so sprengen 'seine' Triumphe jede Vitrine fußballerischen Heldentums. Und sollte dies einst verblassen, sein philosophisches Werk wird überdauern. Ein Werk, komprimiert in einen Satz, weil alle anderen nur Fußnoten dieses einen sind: „Schaun mer mal".

Vom einfachen Becken-Bauer nicht nur zum Kaiser der Erfolgreichen, sondern auch zu dem des einfachen Mannes, der noch an die Willkürlichkeit im Fußball glaubt. Als Fußballspieler, später als Trainer, zu Beginn seiner Karriere auch als brühwürfelnder Suppenkasper – und heute Präsident des FC Bayern München – solch ein Weg fordert salomonische Aussagen, die den vermeintlichen

Gegnern und der Presse nicht zu viel verraten. Hauptsache eben: „Die Grundgebühr ist auch schon drin."

Seine Lebensweisheit „Schaun mer mal" löst nicht nur diesen Zwiespalt, nein, im Angesicht von Franz Anton Beckenbauer aus Giesing verschmelzen sich die eigentlich gegenüberstehenden Pole zu einer Aussage, die geheimnisvoll Hoffnung sät – und den einfachen Fußballkonsumenten für dumm verkauft. Die allegorische Figur des Kaisers besänftigt nur durch sein Sprüchlein die erwartungsvollen Massen der gesamten Öffentlichkeit, und brät sie derweil unbemerkt in seliger Unwissenheit. Denn wenn er mal schaut, dann findet er sich nicht nur morgens im hauseigenen Spiegel, sondern auch als Boulevard-Kolumnist, als TV-Kommentator oder in der Handy-Werbung wieder. Seine Leerformel ist ein pressewirksames Unterfangen, eine Schiene, die vernebelt und in alle Richtungen umzuleiten ist. Aus des Kaisers Munde verkörpert dieser philosophische Spruch Wissen, Taktieren und Erfahrung im positivsten Sinne. Kein akademischer Firlefanz, Philosophie der Praxis: „Ja, is' denn heut' scho' Weihnachten?" – „Schaun mer mal."

„Ich möchte einmal so viel Scheiße erzählen können wie der Franz und trotzdem dafür gelobt werden."

Udo Lattek

Sein philosophisches Universum ist durchaus nachvollziehbar: „Ja gut, die Holländer sind keine Schweden – das hat man deutlich gesehen." Seine persönlichen Ziele sind romantisch, denn als Blume möchte er einst wiedergeboren werden. Oder als Frau, weil es sein größter Wunsch ist, ein Kind zu gebären. Die Sportakademie Sofia verlieh ihm für solches Feingefühl sogar die Ehren-Beckendoktorwürde.

Was wäre uns erspart geblieben, hätte nicht ein Spieler der 1860er Löwen den pubertierenden Franzl geohrfeigt, als dieser eigentlich bereits fest entschlossen war, zu 1860 München zu wechseln? Diese folgenschwere Ohrfeige führte ihn weg von den Löwen, hin zu den Bayern – hin zu der Persönlichkeit, die – glaubt man dem tölzbulligen Kabarettisten Ottfried Fischer – als einzige auf dieser Welt ein Direktmandat für die PDS in Bayern gewinnen könnte. Und hätte er je so glänzen können, wenn nicht Katsche Schwarzenbeck für ihn seine Knochen hingehalten hätte? Schalke-Fan Bodo Berg prophezeit, dass Katsche selbst noch bei Franzls Beerdigung unbemerkt seine helfende Hand reichen und vom Wasser- zum Sargträger mutieren wird – natürlich nur, wenn Franzl nicht eingesalbt in einem DFB-Mausoleum an bessere Zeiten erinnern soll. Aber selbst Beckenbauer kann auf seine Weise bescheiden wirken, wenn TV-Kommentatoren ihn daran erinnern, dass es Spieler gab, die ihm ebenbürtig waren: „Johan Cruyff war der bessere Spieler. Aber ich bin Weltmeister."

Zutiefst zuwider scheint es dem ehrwürdigen Kaiser der Treter und Techniker, reinen Wein einzuschenken, sei es nun eine geheimnisumwitterte Aufstellung, sein nächstes Golfmatch oder ein neuer Spieler. Letzterer erträgt es wenigstens für eine beträchtliche Summe Geld, unsereins lässt sich da schon von Erfolgen blenden und von einem ausgehöhlten Spruch ruhigstellen. Der Mann der unbegrenzten Möglichkeiten setzt sich tautologische Grenzen und niemandem fällt es auf. Denn „Schaun mer mal" ist der Beweis, dass man der kaiserlichen Kontrolle nach dem Munde reden kann, ohne seine eigene Linie preiszugeben, falls man denn etwas preiszugeben

Beckenbauer spritzt ab.

hätte. Manche Menschen zeigen nach langer Arbeit ein begnadetes Können, anderen fällt vieles zufällig in den Schoß. Bei Beckenbauer spiegelt sich in „Schaun mer mal" eine Verstrickung von zufälligem Können und einem begnadeten 'In-den-Schoß-fallen' wider, deren Bewältigung einer Lebensaufgabe entspricht. Und damit das nicht so auffällt, schlug er den alternden Boris „AOL" Becker für den Vorsitz eines Sportministeriums vor. Schließlich ist der ja trotz seines Karriereendes noch total „drin" und durfte bei der Euro 2000 sogar mit Ribbecks Gerippe im Mannschaftsbus mitfahren.

Bei aller Liebe zu zwergenhaften Werbe-Nikoläusen spricht Franzl herabwürdigend von vermeintlichen „Fußballzwergen". Die „unbedeutenden" Nationalmannschaften sollten doch erst eine Art Vorrunde spielen, bevor sie die Großen zu „Gurken-Spielen" nötigen. „Natürlich muss man diesen Ländern auch helfen. Sie sollen da Geld hinschicken, aber bitte nicht um EM-Punkte spielen", posaunt Beckenbauer. Von einer Superliga für Vereinsmannschaften ist die Rede, damit die Kleinen endlich von den Großen getrennt werden und die, wie er sagt, „Gängelei und Gleichmacherei" bei den Fernsehgeldern endgültig aufhört.

Wenn es ihm bei Weihnachtsfeiern einmal kommt, dann lässt er sich als kaiserlicher Spätstecher feiern. Schließlich ist jeder kleine Kaiser, der seinem Becken entspringt, ein potentieller Nationalspieler für die WM 2026: „Das ist Business." Für die DFB-Bewerbung zur WM 2006 gab sich Franzl als Botschafter her. Seine Reisen führten ihn bis nach Afrika, um Stimmen zu missionieren. Ein bisschen Dandy war er schon immer, aber in diesem Fall besonders Kolonialist, als er den Afrikanern seinen filzlastigen Deal anbot: Unterstützen sie den DFB für 2006, dann würde der ihnen zur WM 2010 verhelfen. Doch dass solch postmoderner Glasperlenhandel trotz der vermutlich inbegriffenen Grundgebühr nicht mehr funktioniert, zeigte ein afrikanischer Fußballfunktionär. Der gab dem deutschen Strahlemann sogleich zu verstehen, dass er mit seinem kolonialistischen Gehabe mal lecker die Tse-Tse-Fliege machen kann. Kurzerhand geißelte Beckenbauer diejenigen als „Fußballterroristen" und „Feinde des Volkes", die eine WM-Zusage hinterfragen und die Zerstörung der Stehplatzkultur beklagen.

Manchmal kommen ihm solche „Terroristen" aber auch ganz recht, z. B. als man ihn fragte, was mit dem Münchener Olympia-Stadion passieren soll, wenn der FC Bayern eine neue Arena bekommt: „Ja gut, ich sag mal, da wird sich schon irgendein Terrorist finden, der da eine Bombe hineinwirft."

„Schaun mer mal" – das allgegenwärtige Zepter des Kaisers, wertvoller Bestandteil der Machtinsignien. Obwohl inzwischen eingefräst in die Umgangssprache ist das naive Bekenntnis zum Schicksal, gewärmt vom löchrigen Mantel der fußballerischen Erfahrung, entlarvt. Der schon früh abgegriffene Spruch gehört vom Spielfeld auf die Tribüne verbannt, wo sich bereits andere abgepfiffene Sprücheklopfereien und *Franzl* selbst ein Sitzkissen erobert haben. Der Kaiser braucht neue Kleider. Die Aussage unwissenden Wissens ist zum Kaiserschmarrn verkommen. Jetzt brauchen wir nur noch jemanden, der es ihm schonend beibringt, denn Beckenbauer kennt keine Misserfolge. Wer diese heroische Aufgabe übernehmen wird? „Schaun mer mal."

Marvin Chlada / Gerd Dembowski
Und täglich drückt der Fußballschuh
Ausgewählte Standardsituationen

Sport und Spektakel

Dem Mythos vom proletarischen Gekicke zum Trotz: Der Fußball war und ist ein „Gesellschaftsspiel bürgerlicher Mittelschichten" (Christiane Eisenberg), das Fußballfeld war und ist das Feld des autoritären Charakters. Seit seiner Entstehung im Kaiserreich, zeichnet sich der angeblich „gezähmte Fußball" (Dietrich Schulze-Marmeling) in Deutschland bis heute vor allem durch seine ausgeprägte Staatsorientierung aus. Nach Aufhebung des Sozialistengesetzes im Jahr 1890, wurden Spiel und Sport zur Bekämpfung des Sozialismus empfohlen. Die Geschichte von Schalke 04 ist nur das bekannteste Beispiel des konsequenten Übergangs des Vereinsfußballs in die nationalsozialistische Sportpolitik.

Heute beklagen Politiker, Pädagogen, Soziologen Werteverfall, Sinnkrise, Orientierungslosigkeit, besonders bei Jugendlichen. Doch in Wirklichkeit ist die Orientierung eindeutig und immer präsent: „Gib alles", „Sei erfolgreich", „Bezwinge Dich und die Konkurrenz" lauten die Sportformeln, die längst auch Parteitage („Jetzt geht's los!") erreichen und die Feuilletons füllen. Eingeübt werden sollen "Selbstbehauptung", „Durchsetzungsvermögen", „Coolness". „Dabei sein ist alles", das Motto des Olympischen Komitees, liefert den für die Gesellschaft notwendigen ideologischen Kitt. Wer nicht „dabei sein", nicht „mitmachen" will, gilt als Spiel- und Spaßverderber, als „unkonstruktiv" und wird als störendes Element bekämpft. Entsprechend muss, wer „mitregieren" –

dabei sein ist eben alles – und „mitgestalten" will, seine „Politikfähigkeit" (d.i. die Anpassung an den herrschenden Zynismus) beweisen, die herrschenden sportlichen Werte akzeptieren („Realpolitik", „Sachzwänge") und bereit sein, diese „durchzusetzen". Von der „großen Weigerung" (Herbert Marcuse) ist nicht mal eine kleine geblieben.

Die sportifizierten Bilderwelten werden beispielsweise in die Werbung eingeführt, wodurch sich die Vorherrschaft sportlicher Werte verstärkt. Der Fiat Seicento trägt den Beinamen „Sporting". Das Auto ist der „athletische Kämpfer": „bissig, spritzig, aggressiv". Mit ihm ist man „nicht zu übersehen". Auch der neue Toyota Avensis ist kein Auto „für irgendwen", denn im Crashtest zählen nur „knallharte Fakten". Wer „gnadenlos" vor die Wand gefahren ist, holt sich „zwar Beulen", doch das ist nicht so schlimm: Hauptsache dabei gewesen. So sagt die Frau auf der Werbewand: „Mein Neuer ist'n echt harter Typ." Ein Beulentyp: fit for fun.

Nicht erst seit Guildo Horn („ehrlich", „gibt alles", „schindet sich fürs Publikum", „schwitzt auch mal richtig") verschwindet das alte Schönheitsideal. Auch Ferrari „rüstet weiter auf", berichtet die *Bild-Zeitung*. „Schumi" soll „noch schneller" werden. Einziger Nachteil: „Schön schaut's nicht aus." Die Zeitung lobt die „ehrliche" Aussage des Teamchefs, und ein Team-Verantwortlicher ergänzt: „Solange wir damit eher Rennen gewinnen können, ist uns das egal." Verlust der Ästhetik, sich schinden für den Erfolg und, wie schon der frühere Fußball-Nationaltrainer Sepp Herberger sagte, auf dem „Platz lachend umfallen" – das ist die Orientierung auf „knallharte", „gnadenlose" Zeiten. Und wer es nicht schafft, sich „durchzusetzen", soll als Zuschauer den „harten" Siegertyp bewundern, wenigstens als Unterstützer dabei sein. Animieren, akklamieren, aufmarschieren: „Der Fan", so Dieter Bott, „ist der kommende ideale Staatsbürger". Er bildet die stimmungsvolle Kulisse in der „Gesellschaft des Spektakels" (Guy Debord). Unabhängig vom eigenen sportlichen Können, sollen „wir" gewinnen, sollen die Siege der „Unsrigen" (Joseph Fischer) gefeiert werden, sind die Werte der Herrschenden die der Beherrschten: Keineswegs zufällig fand die vielbeschworene „Brechstange", mit der die deutsche Nationalmannschaft „die anderen knacken" sollte, ihre Entsprechung in der Eisenstange, mit der ein deutscher Hooligan einen französischen Polizisten während der WM '98 ins Koma schlug. Nach dem frühen Ausscheiden der „Unsrigen" drohte Joseph Fischer: „Wenn ihr Rot-Grün wählt, geht's mit der Nationalmannschaft wieder aufwärts." Rot-Grün wurde gewählt. Seither quält sich Fischer als Außenminister weiter realpolitisch die Pfunde runter und warb mit der Bundeswehr im Kosovo schon mal für fair play.

Fußballschuh mit eingebautem Lenkrad

„Seit Jahren haben böse Kräfte das Fußballspiel infiltriert: Manchmal in Form von kontrollsüchtigen Managern, die phantasielose Systeme einführen. Abseitsfallen dürfen nicht an die Stelle des individuellen Talents treten. Systeme sollen der Phantasie keine Grenzen setzen. Kontrollsüchtige Manager sollen den Mund halten." – Achtung: hier handelt es sich nicht um einleitende Worte einer kritischen Faninitiative, die sich das Spiel zurückholen will. Ganz im Gegenteil: Es ist Zeit für Werbung. Seitdem ein Werbespot mit dem Dortmunder Fußballprofi Lars Ricken Anzugtypen und VIP-Logen offiziell zum Laster des modernen Fußballs erklärte, setzt der Sportartikelhersteller *Nike* wieder auf solche Doppelmoral. Wieder will der Aus- und Aufrüster im Namen der Jugend sprechen und das Business kritisieren, welches er selbst entscheidend mit anschiebt. Aus den europäischen Spitzenklubs werden Fußballstars von Oliver Bierhoff bis zum französischen Weltmeister Lilian Thuram in ein sportliches *Men in Black*-Team beordert, um mit viel Tamtam den verlorenen Ball aufzuspüren.

Tanja Schulz, Mitarbeiterin des *adidas*-Teams, findet den Spot des Marktkontrahenten „durchaus ganz nett gemacht", sieht aber den ehrlicheren Anspruch in der eigenen *Predator Cup*-Tour, die am 6. Mai 2000 auch auf dem Maifeld des Berliner Olympiageländes Halt machte. „Mit 800 teilnehmenden Teams hier in Berlin und den anderen vier Turnieren von München bis Gelsenkirchen ist es das größte Streetsoccer-Turnier der Welt", freuen sich die PR-Manager, denn die Tragweite macht's. So rühmen sich die Sportartikelhersteller, dass es sich um „die größte Offensive im deutschen Nachwuchsfußball" handelt, die ja seit dem Ausscheiden der deutschen Nationalmannschaft bei der WM '98 so dringend nötig erschien.

Deshalb findet der DFB das Engagement seiner Hausmarke auch ganz toll und erlaubte als Schirmherr, dass der Berliner *adidas-Predator Cup* im werbewirksamen Schatten des Pokalfinales stattfinden durfte. Im Gegenzug konnten die Altstars Karl-Heinz Rummenigge und Uwe Seeler 4000 Aktive aus dem gesamten Bundesgebiet und 30.000 erwartete Flaneure auf die WM 2006 in Deutschland einschwören, die genau den Kommerz toppen könnte, den die aktuellen Werbestrategien angeblich bändigen wollen: „Wir machen das für euch."

„Nur allzu gern und aus durchsichtigen Gründen bürdet die Macht dem Fußball Verantwortung auf, bringt ihn sogar dazu, die diabolische Rolle dessen zu akzeptieren, der die Massen verdummt."

Jean Baudrillard

Abgesehen von großen Worten fuhr der DFB auf dieser Veranstaltung allerdings kaum etwas auf. Vier 2006-Werbebanden wurden zu einem Quadrat aufgebaut und begrifflich überladen als „Jonglier-Modul" verkauft. Dabei sollten die Kids hier einfach nur den Ball jonglieren, um Trikots und Eintrittskarten für das nächste Freundschaftsspiel des nationalen Gerippes zu gewinnen. Symptomatisch für die Lage im DFB-„Fußball-Land" herrschte an diesem Stand gähnende Leere.

Das Hauptanliegen der Werbeaktion im modernen Kleinfeld-Turniergewand ereignete sich auf 56 Plätzen, wo sich Kids von F- bis A-Jugend den ganzen Tag die pralle Sonne auf den Kopf knallen ließen. Mit ihnen ihre knapp beschürzten, aber sehr stolzen Eltern, die zum Glück daran gedacht hatten, ihre Kühltaschen zu füllen. Ansonsten wären ihre Schützlinge auf das heutige Monopol eines Energydrink-Anbieters angewiesen. „Dazu könnt ihr Snickers essen, bis ihr umfallt", verkündete *ran*-Moderator Lou Richter auf seiner Bretterbühne. Die Schokoriegelfirma brachte auch ihren aufblasbaren „Action Park" mit, in dem die Kids nebenbei ihre Zielwasser- und Kopfballfähigkeiten testen konnten. Das ganze „Mega-Event" war eingerahmt von Werbebanden und Promotion-Aktionen.

Tanja Schulz spricht aus, um welch ehrenrühriges Treiben es sich hier angeblich dreht: „Uns geht es nur um den Spaß, die Leistungsorientierung steht nicht im Vordergrund." Da sieht der nationalmannschaftsdienliche Patenonkel Jens Jeremies gern hin, um zu sehen, „wie schon die Kleinsten Fußball leben". Endlich soll sich mal nicht alles um den Erfolg mit dem Ellenbogen und Leistung um jeden Preis drehen. Da ist sich *adidas* wieder mit *Nike* einig: „Jede Menge Fun" und „coole Sprüche".

Doch Fun ist noch immer ein Stahlbad. Über die Spaßschiene wollen *adidas* & Co die Kinder im Zeichen ihres *Predator*-Fußballschuhs mit eingebautem Lenkrad weiter auf Konsum trimmen. Was auf den ersten Blick so aussieht wie die Aufwertung des Hinterhoffußballs, wo abseits von Teamtaktiken wieder „Platz für Innovation" (*adidas*) geschaffen würde, ist nichts weiter als das Einstimmen auf einen gnadenlos kommerzialisierten Fußball mit integrierten Einkaufsstraßen und kaufanregender Erlebniswelt. Hier wird die Spektakel-Gesellschaft angekurbelt, in der nichts als die sich für sich selbst entwickelnde Wirtschaft durch ihr „Monopol des Scheins" (Guy Debord) interessiert. Ein solches Streetsoccer-Event ist ein volltreffliches Beispiel für die Funktion des Spektakels, welches sich als eine ungeheure, unbestreitbare und unerreichbare Positivität darstellt. Es sagt nichts mehr als: „Was erscheint, das ist gut; und was gut ist, das erscheint." Die durch das Spektakel prinzipiell geforderte Haltung ist die passive Hinnahme, die es schon durch seine Art, unwiderlegbar zu erscheinen, faktisch erwirkt hat. „Das Spektakel unterjocht sich die lebendigen Menschen, insofern die Wirtschaft sie gänzlich unterjocht hat", so Guy Debord. „Es ist der getreue Widerschein der Produktion der Dinge und die ungetreue Vergegenständlichung der Produzenten."

Immer wenn jemand auf das Streetsoccer-Tor zielt, zielt er gleichzeitig in die Richtung von dreistreifigen Werbesymbolen, die gut sichtbar über den Torlatten befestigt sind. Dazu kommt ein so genannter „Traxion-Parcours", wo jedes Team zusätzliche Punkte sammeln kann, indem eine gesichtslose Freistoßwand überzirkelt und ein Slalomparcours mit lebensgroßen Fußballstars aus Pappe umkurvt werden soll. Hier wird Starkult etabliert und einhämmernd mit Produktpaletten verknüpft, das Posing der „Fußballstars von morgen" (*adidas* & *Sport Bild*) verstärkt. Darüber trösten auch lustige Teamnamen wie „FC Barfuss hau in Sand", „Verfolgte der Pädagogen der ehemaligen Hauptstadt der DDR" oder „Aktivist Schwarze Pumpe" nur kurz hinweg. Denn gleich geht es doch wieder nur um Rekorde, wenn lauthals aus den Boxen dröhnt, dass das Team „Teletubbies" mit 29:1 gegen „The Tigers" gewonnen hat. Ohne behaupten zu wollen, früher wäre alles besser gewesen, wünscht man sich bei einer solchen Veranstaltung unweigerlich zurück in den Hinterhof, der mit „drei Ecken ein Elfer" und ständig wechselnder Teamzugehörigkeit ungleich sympathischer erscheint.

Der Fan unter der männlichen Lupe

Leider erwies sich auch so mancher Hinterhof in der Vergangenheit als Keimzelle des männlichen Härteideals, wo ein Urkommunismus des Fußballs nicht funktionierte. „Die Türken und die Mädchen dürfen aber nicht mitspielen", erinnert sich beispielsweise die Lüdenscheider Hip-Hop-Band *Anarchist Academy* an ihre Kindheit.

Auf die Bedeutung von historisch bzw. gesellschaftlich dominanter Männlichkeit wies Wilhelm Heitmeyer im zu kurzen Exkurs „Männlichkeitsnormen und Körperlichkeit" bei Fußballfans bereits 1988 hin, ohne diesen Aspekt allerdings nachhaltig zu vertiefen. Zu kritisieren ist dabei, dass in seinen empirischen Untersuchungen die Bedeutung der Sexualität heranwachsender Jungen und jungerwachsener Männer vollends ausgespart bleibt. Zu beachten wäre explizit das maskuline Syndrom, das eine Funktionalisierung des Körpers zur Leistungsmaschine herausstellt, wonach der „entlebendigte, körperlose Mann" (Michael Schenk) zurückbleibt. Dies bezieht ein, dass „auch kleine heranwachsende Jungen von der gesellschaftlichen Männergewalt erst einmal vergewaltigt werden müssen, bis sie als Vergewaltigermänner funktionieren, die sie später, meistens, sind" (Klaus Theweleit). Übertragen auf die Stadionrealität passiert die Sozialisation mit dem Fußball als Zuschauersport in den meisten Fällen „an der Hand des Vaters" respektive durch eine andere männliche Bezugsperson oder Gruppe.

Klaus Theweleit sieht den männlichen Körper im Verlaufe seiner Sozialisation zerstückelt, wenn er sagt: „Der individuelle Körper, der teilanästhesierte Körper, der institutionelle Körper leben im Männerleib unintegriert nebeneinander, übergangslos, umschaltbar eben." Ob im Sport, bei den Rotariern, im Wissenschaftsklub, im Versicherungsbüro, beim Unternehmer, im Journalisten, im Lehrer: der andauernde Macho sei ein „institutionelles Gestenrepertoire mit Umschaltvorrichtung". Im Umfeld von Fußballspielen erfolgt demnach eine institutionelle Umschaltung auf die Männertypen, die wir samstäglich dann in den Stadien beobachten können. Es handelt sich um „auffällige", von der Politik und der Sozialarbeit zunehmend zu Härtefallgruppen degradierte junge Männer, die den Fußball als Ventil benutzen, wie andere den Karneval als gesellschaftlich anerkanntes „Über-die-Stränge-schlagen". Dies steht im Kontext mit manipuliertem Publikumsaustausch in den Stadien bis hin zur gesteigerten Salonfähigkeit des Fußballs sowie neuen Zielgruppen der zu Wirtschaftsunternehmen mutierten Vereine.

Der ideologische Rückversicherer der bürgerlichen Mittelschicht Ulrich Beck behandelt im Rahmen seiner Gesellschaftsanalyse in keinster Weise die Funktion des Sports und nur sehr am Rande die Probleme, die während der Entwicklung eines jungen Mannes von zentraler Bedeutung sind. Sehr wohl finden Jugendliche auf der Identitätssuche Orientierungen, die das kapitalistische Konkurrenzprinzip und transportierte Männerbilder suggerieren – auch durch den Sport abgebildet und von den Medien verstärkt. Auf dem Fußballrasen wie auf den Rängen wird ein sehr eindeutiges männliches Ideal vorgelebt. Untersuchungen zum autoritären Charakter (Theodor W. Adorno, Erich Fromm u. a.), welche die Individuen als verformt vor allem durch die autoritäre Beschaffenheit des Staates und der kapitalistischen Gesellschaft verstehen, liefern für die einseitig männlich geprägten Fußballfanszenen als „Folie der Gesellschaft" (Gunter A. Pilz) tiefer greifende Deutungsansätze. Indem der „passive-autoritäre" bzw. „masochistische Charakter" (Erich Fromm) sich unterwirft, um ein bestätigendes Element einer „höheren" Institution zu werden, will er die „Furcht vor der Freiheit", die Furcht vor Verantwortung und eigenen Entscheidungen vermeiden. Den „aktiv-autoritären" bzw. „sadistischen Charakter" kennzeichnet ebenso seine innere Schwäche, Minderwertigkeit und ein Gefühl persönlicher Isolation. Jedoch übertüncht er diese in einer Art „Flucht nach vorn" durch ein aktives Handlungsmuster, in dem er andere Menschen kontrolliert und beherrscht. Er braucht den Beherrschten ebenso sehr wie dieser ihn; der einzige Unterschied liegt in der Illusion, dass der Herrscher der Unabhängige und der Gefolgsame der Abhängige sei. Sie brauchen und ergänzen sich beide. „Die Tatsache", so Erich Fromm, „dass beide Formen der autoritären Persönlichkeit auf eine letzte gemeinsame Tatsache zurückgehen, die symbiotische Tendenz, macht auch verständlich, warum man in so vielen autoritären Persönlichkeiten sowohl die sadistische wie die masochistische Komponente antrifft; gewöhnlich sind nur die Objekte verschieden. Wir alle kennen den Haustyrannen, der Frau und Kinder sadistisch behandelt, der aber im Büro seinem Chef gegenüber der unterwürfige Angestellte ist." Umgangssprachlich ist der autoritäre Charakter als „Spießer" und „Radfahrer" bekannt, der nach oben buckelt und nach unten tritt. Seine uneingelösten und bei sich selber nicht eingestandenen aggressiven und sexuellen Wünsche und Regungen projiziert dieser auf „Sündenböcke", an denen er kritisiert, verfolgt und bekämpft, was er bei sich selber verurteilt und womit er nicht klarkommt. Der Fußballsport liefert durch sein Identitätsangebot und starres Regelwerk mit Befehl, Gehorsam und Bestrafung ein Präsentationsfeld für konventionelle, patriarchale Wertvorstellungen und autoritäre Charaktere. Durch das ihm zugrunde liegende männliche Weltbild verstärkt er autoritäre Cha-

> *„Ich hasse nicht den Fußball. Ich hasse die Fußballfans."*
>
> Umberto Eco

rakterstrukturen, Nationalismus, Rassismus, Gewalt, Identitätsdenken, Chauvinismus, Sexismus.

„Auch wenn kein Zweifel besteht", so der Erfolgsautor Nick Hornby, „dass Sex eine nettere Beschäftigung als der Besuch von Fußballstadien ist (keine 0:0-Unentschieden, keine Abseitsfalle, keine Pokalüberraschungen und dir ist warm), sind die Gefühle, die er bei üblichem Ablauf der Dinge erzeugt, einfach nicht so intensiv wie die, die das einmalige Erlebnis eines in der letzten Minute erzielten und für die Erringung der Meisterschaft entscheidenden Tores hervorruft." Der diesen Schwachsinn schrieb, verliebte sich laut Selbstauskunft in den Fußball, wie er sich später in Frauen verlieben sollte, „unerklärlich, unkritisch und ohne einen Gedanken an den Schmerz und die Zerrissenheit zu verschwenden, die damit verbunden sein würden" und wurde durch sein Buch *Ballfieber*, das „letztlich" davon handle, „wie es ist, Fan zu sein" und einen Blick auf Hornbys „Besessenheit" zu werfen verspricht, zum Kultautor. Das Buch sei zum Teil auch eine Erforschung der Bedeutungen, die Fußball für „uns" zu enthalten scheine. Es sei ihm „ziemlich deutlich geworden", dass seine „Hingabe" so manches über des Autors Charakter und seine persönliche Geschichte aussage. Doch biete die Art, wie das Spiel aufgenommen wird, auch allerlei Informationen über die Gesellschaft. Hornbys „Hingabe" bringt ihn dazu, „das Elend, das der Fußball bietet, zu genießen". Beschrieben wird der Fan als Opfer seiner Leidenschaft, um eine „Rechtfertigung" zu liefern, „die man von einem Mann erwarten kann, der einen großen Teil seiner Freizeit damit verbracht hat, sich in der Kälte erbärmlich aufzuregen". Bereits in seiner Einführung möchte Hornby die Gelegenheit ergreifen, sich bei all denen zu entschuldigen, die sich seine „pathetisch überspannten Analogien anhören mussten", denn auch er akzeptiere nun, dass Fußball keine Relevanz für den Falklandkonflikt, die Rushdie-Affäre, den Golfkrieg, die Geburt von Kindern, die Ozonschicht, die Kopfsteuern usw. besitze.

Wurden Kritiker, die den Masochismus des Fans betonten, bisher müde belächelt, so ist es mittlerweile Mode geworden, sich auf dessen devoten Charakter zu berufen, um zu sagen: Seht her! Wir leiden und können nichts dafür. In Hornbys Worten: „Also seid bitte denen gegenüber tolerant, die einen Augenblick im Sport als ihren schönsten Augenblick überhaupt beschreiben." Aufgabe einer kritischen Theorie des Fußballs wäre es, den Fan als Täter zu entlarven. Ein in der Gesellschaft des Spektakels schwieriges Unterfangen.

Fußball ist sexy

Die Aufgabe des Stürmers dagegen lässt sich viel leichter umreißen. Hier handelt es sich um das Abbild des regredierten, durchschnittlich-männlichen Sexualverhaltens. Ergo: der Stürmer hat nichts anderes zu tun, als das runde Leder ins Tor zu mogeln. Kopfball-Hüne Horst Hrubesch, selbst eine „phallische Gesamterscheinung" (Thomas Ernst), fasste seinen Job kurz und präzise zusammen mit den Worten: „Drin ist drin – egal wie." Im Klartext: Außer der ewigen Sehnsucht, „das Ding reinzumachen" (Edgar „Euro-Eddy" Schmitt, Ex-Fußballer Karlsruher SC), bleibt dem „Haufen Fußballspieler" (Gilles Deleuze/Félix Guattari), den so genannten „Spitzen", nicht viel Freude in den „Stadien auf des Lebens Weg" (Sören Kierkegaard) – Sublimierung sucks. Doch bei aller Gefahr, die diese sexuellen Angreifer mit sich bringen: Ohne Stürmer wäre Fußball langweilig. Oder, wie Fußballprofi Bruno Labbadia treffend formulierte: „Das darf man nicht zu sehr hochsterilisieren."

Dennoch widmete der *Playboy* seine Juni-Ausgabe 1998 der Fußball-WM. Klar: „Alles was Männern Spaß macht", ist des Spielbuben Motto. Interessante Dinge waren da zu lesen. Zum Beispiel, dass Marcel Reif „nicht nur der beliebteste Sportmoderator, sondern auch ein Mann mit Platzreife" sei und Oliver Bierhoff „ein Mann für jede Torart". Hört, hört! Ebenso geistreich: der Vergleich zwischen „Super-Mario" und „Super-Mario", d. h. Telespielklempner und Fußballer. Beide, so weiß der *Playboy* zu berichten, hätten Feinde: Der eine fürchte sich vor King Kobra („Tyrann des Schildkrötenlandes"), der andere vor „Kaiser" Franz („Tyrann des Trainingsgeländes").

Auch den Fans des MSV Duisburg wurde es besorgt. Endlich durften sie erfahren, was ihr damaliger Publikumsliebling und späterer Co-Trainer Joachim Hopp jenseits der kultivierten Balltreterei noch alles treibt. Er habe damit begonnen, sich als DJ einen Namen zu machen, dröhnt es wichtig zwischen den Möpsen hervor. Am häufigsten lege der ehemalige Stahlkocher im Essener „Fink" auf (Danke für die Warnung!). Auf die Frage, warum so viele Profikicker auf Pur, Pavarotti oder Phil Collins stehen, antwortete Hopp: „Weil sie keine Jugend hatten. Die waren so früh auf Fußball fixiert, dass sie kaum ausgegangen sind. Und deshalb wissen sie schon seit Jahren nicht mehr, was läuft. Als ich am Hochofen gearbeitet habe, bin ich regelmäßig abends unterwegs gewesen. So habe ich mich musikalisch weiterentwickelt." Kurz: Der Pott popt.

> *„Sport macht Spaß, aber Spaß ist das Gegenteil von emanzipierter Lust."*
> Dieter Bott

Präsentiert wurde außerdem u. a. der Pop-Art-Künstler Mel Ramos. Er malte die angeblich „laszive Seite der Weltmeisterschaft": eine nackende Blondine auf 'nem Ball. Doch Ramos ist nicht nur ein talentierter, nein, er ist auch ein schön blöder Künstler: „Feminismus setzt er gleich mit Kommunismus: eine schlechte Idee, deren Zeit abgelaufen ist."

Ein weiterer Beitrag zur Fußballphilosophie stammt aus der Feder von Tony Parsons. Die „neue weibliche Fußballverrücktheit" hält er für genauso schlimm wie „die alte weibliche Fußballignoranz". Er trauert den guten, freilich nunmehr verlorenen Tagen nach, als er an der Hand des Vaters im Stadion stand, erzählt ungeniert, wie schön es doch früher ohne die Weiber war, undsoweiterundsoweiter, und jetzt alles von den bösen Frauen kaputt gemacht wird. „Der Fußball heutzutage", so Herr Parsons, „ist etwa so männlich dominiert wie der Sommerschlussverkauf". Er, Tony, habe noch nie ein Weib mit ins Stadion genommen: „Ich bin halt ein altmodischer Kerl", sagt das Arschloch: „Mann trifft Frau, Mann verliebt sich in Frau, Mann streitet sich mit Frau über Qualifikationsspiel. So wollte es der liebe Gott." Amen.

Wirklich schön war aber dann doch noch etwas: ein Gedicht von Berti „Wir dürfen nicht deutsch, wir müssen intelligent spielen" Vogts. Es trägt den Titel „Für meinen kleinen Sohn Justin" und geht so:

Dein Gesicht strahlt
soviel Ehrlichkeit aus –
ich streichle dich –
unendlich zart
ist deine Haut.
Dein Stupsnäschen liebe
ich besonders an dir,
ich kann's noch
nicht glauben –
dieser Mensch gehört mir!
In meiner liegt
deine weiche Hand
und verbindet uns
wie ein festes Band.
Ich versprech' dir,
ich lasse dich niemals los –
schlaf gut, träum süß,
meine Liebe ist groß
zu dir, mein Schatz,
mein Sausewind,
schlaf gut, träum süß,
mein braves Kind.

So liebevoll geschmacklos bedichtete der ehemalige Bundestrainer seinen „Sausewind". Mögen Vogts' Nachfolger für reichlich Nachwuchs sorgen. Er selbst musste sich nach der vergeigten WM 1998 in Frankreich nicht mehr mit der deutschen Nationalmannschaft rumärgern. Das sollten von da an andere besorgen.

Horst Hrubesch: Der „Schmucklose Exekutor" neben „Versager" Ribbeck

Kaum war Fußball-Bundestrainer Uli Stielike kurz vor der Euro 2000 gegangen worden, schon tauchte ein Mann mit dem Beinamen „Kopfball-Ungeheuer" im Bug der übel schwankenden Ribbeck-Galeere auf: Horst Hrubesch. Bei der WM 1982 in Spanien erlöste er Stielike schon einmal von seinen Leiden. Im Elfmeterschießen gegen Frankreich war Stielike mitsamt seinem Seehundschnäuzer weinend in die Knie gegangen, weil er versemmelt hatte. Torwart Schumacher hielt noch zwei Schüsse, und dann kam der „schmucklose Exekutor" (Norbert Seitz) vom Hamburger SV. Keinem anderen Schützen sah man an diesem Tag diese Entschlossenheit an, mit der Hrubesch zum Punkt eilte, den Ball nicht einmal mehr zurechtlegte, sondern straight in die Maschen drosch.

So einfach und vorhersehbar gestrickt funktionierte der gelernte Dachdecker Hrubesch schon immer, auch in seiner Medienversiertheit: „Manni Bananenflanke, ich Kopf, Tor", beschrieb der gebürtige Hammer, Westfale, einmal einen seiner Kopfball-Hämmer. Nach diesem Muster erzielte er in den Achtzigern 96 Tore für den HSV und muss dort wohl oder übel in einem Atemzug mit Uwe Seeler genannt werden. Keiner eröffnet wie er Gespräche so perfekt wie oft mit der Fußballerfloskel „Ja, gut...", bevor sich ein verbales Vakuum über den geduldig harrenden, weil zwangsverpflichtet Zuhörenden, ergießt.

Der große Blonde mit dem harten Kopf besticht durch kristallinkarge Satzstruktur und konnte nicht so schnell beim Gerippepfleger Ribbeck anecken. Bis heute ist nicht abschließend festzustellen, was in seinem Schädel vorgeht, wenn er ihn mal nicht hinhält. Nur vermuten lässt es eine Bemerkung, die der Autor Andreas Golm einmal treffsicher so formulierte: „Bei jedem Kopfball sterben 1052 Gehirnzellen. Jeder wusste, was das für Horst bedeutete." Aber was sollte Hrubesch auch noch groß sagen, vorschlagen, anregen? Als er am 26. Mai zum Matthäus-Abschiedsspiel seinen Dienst als DFB-Assistenztrainer antrat, waren es nur noch 18 Tage bis zum ersten Auftritt bei der Euro 2000 in den Niederlanden und Belgien.

Der ungelenke Hrubesch ist eine Galionsfigur der legendären deutschen Tugenden, die dem DFB-Team, laut Günter Netzer, in der Vorbereitung zur großen „Schande" (*Bild*) so fehlten. Erlernt hat er sie, wie so viele Deutsche, von einem Österreicher, nämlich dem Schleifer Ernst Happel: „Man kann von ihm lernen, wie man knallhart einen Kurs konsequent durchzieht, ohne sich von irgend etwas irritieren zu lassen."

Während Uli Stielike mit zu viel eigenen taktischen Vorstellungen aneckte, konnte Hrubesch einfach unbeschwert auf der Bank Platz nehmen und beobachten, was das Zeug hält. Seine Taktik ist schließlich schlicht und deshalb jedem bekannt, niemand würde ihr je widersprechen: „Wenn wir alle schlagen, können wir es schaffen." Hrubesch, der als Coach der künstlich beatmeten A2-Nationalmannschaft keinen einzigen Sieg feiern konnte, war bereit, das Gewicht auf der wackligen Bank wieder auszugleichen, obwohl sein Vorgänger Stielike ihm erklärte: „Wer will diesen Job denn noch machen? Als Bundestrainer bist du doch nur der Fußabtreter der Nation."

Mit Erich Ribbeck ist nach dem Ausscheiden der deutschen Elf auch sein Knappe Horst wieder in den grauen Alltag zurückgekehrt und gibt seine gewonnenen Erfahrungen wieder als unbeachteter DFB-Fußballlehrer weiter. Irgendwann aber wird Hottes Stunde wieder schlagen und jemand wird ihn auf die Trainerbank eines großen Klubs transferieren. Wie das baumlange Nordlicht mit dem Gunter-Gabriel-Antlitz auf eine solche Beförderung reagieren würde, ist schon bekannt: „Ich sage nur ein Wort: Vielen Dank."

Im Fußballschuh des Unparteiischen

Die Unparteiischen genügen oftmals als Sündenböcke. Auch Horst Hrubesch ging mitunter nicht zimperlich mit ihnen um. „Schieber", „Pfeifenheinis", „schwarze Säue" – Fußballschiedsrichter gelangen vor allem in Schlagzeilen und Fanpoesie, wenn sie jemanden verpfiffen haben und *ran*-Rhabarberer nach dem dritten Ansehen der

Super-Slowmotion zur Steinigung aufrüsten. Im Kreis der aktiven Balltreter gelten sie oftmals als verhinderte Fußballer, die sich im zweiten Leben als ungeliebte Referees an ihnen rächen, weil die Trainerzunft sie seit der C-Jugend nicht mehr in ihren Aufstellungen berücksichtigt hat.

Wie könnte aber eine Liebe zu den Rasensheriffs aussehen, die mit so viel Hingabe an die Beschimpfung in sado-masochistischer Manier „Befriedigung im Abstrafen" (Rainer Moritz) finden und doch so unvermeidlich für das Spiel sind?

Der „telling name" Gotthard Dikty könnte wie geschaffen für die Rolle des perfekten Schiedsrichters sein – die Erfindung eines Romanautors. Doch es gibt ihn wirklich und sein Buch hat er mit dem Namen des schon vor zwei Jahrzehnten abgenudelten *Schiri: Telefon!* getauft.

Dort offenbart sich seine fragwürdige „Liebe zu den Schiedsrichtern", die der rheinische Referee-Jäger Gotthard Dikty entdeckte, nachdem er aus gesundheitlichen Gründen Abschied vom aktiven Fußballsport und der Pfeiferei nehmen musste. Im Extremfall äußert sich diese seltene Passion als liebenswürdige „Turnhosenschnüffelei" (Wiglaf Droste), wenn er „mächtig stolz" darauf ist, dass Schiris ihm Trikots, Hosen, Stutzen und Schuhe als Souvenirs im Geschenkpaket schicken. Dikty zieht sogar ein Gerichtsurteil heran, um die längst vorliegende Gesetzmäßigkeit seiner Überzeugung zu untermauern. Denn einst verfügte ein Jurist, dass ohne Kickrichter „Mannschaftsspiele, Sportveranstaltungen überhaupt und das Zusammenleben der Menschen im übrigen nicht zu regeln" wären. Das hat gesessen und nun will der kartengläubige Dikty nicht mehr nur als wandelndes Schiri-Lexikon über die Spielfelder hotten. Laut DFB-Präsident Egidius Braun möchte er dazu beitragen, dass „viele Fußballinteressierte ihr bisheriges Bild" vom ehemaligen Schwarzkittel korrigieren. Für diese ehrenvolle Aufgabe konnte Dikty eine Reihe namhafter Pfeifenträger gewinnen, die in Interviews ihre erinnerungswürdigsten Erlebnisse

> *„Fußball mag ein durchaus passendes Spiel für harte Mädchen sein, als Spiel für feinsinnige Knaben ist er wohl kaum geeignet."*
>
> Oscar Wilde

schildern und in eigenen Beiträgen ihr Freud und Leid im Spielleitermilieu nachzeichnen. Von Flaschenwürfen, Ball vor die Birne, einer Rolle rückwärts mit Zahnverlust, Morddrohungen bis zur Sauforgie in Dnjepropetrowsk ist alles dabei.

Georg Dardenne z. B. pfiff einst ein Spiel auf den Faröer Inseln. Dieses Unternehmen geriet regelrecht zum Inselhopping, weil sich Flughafen, Hotel und Stadion jeweils auf drei verschiedenen Eiländern befanden. Auch der Verschleiß des runden Spielgeräts war groß, „weil bei starken Schüssen der Ball in den Atlantik flog und dort zum Spielball der Wellen wurde", verriet der Hobbylyriker Dardenne.

Zwar behalten die Referees den Besenstiel im steifgemachten Kreuz und verweilen oftmals in preußischer Spielberichtssprache, was allerdings genügt, um „den Schiedsrichter als Mensch herauszustellen". Dabei erfahren die Lesenden, dass der Kaiserslauterer Markus Merk entgegen der christlich-demokratischen Rüttgers-Kampagne „Kinder statt Inder", eher Zähne für Inder fordert und deshalb auch schon mal aufopfernd einen Urlaub hergibt, um bis zu 2000 schmerzverzerrte Münder von ihrem Zahnleiden zu befreien. Sehr rühmlich, trotzdem darf niemand jemals auf die Idee kommen, mit einer Hörbuchfassung von *Schiri: Telefon!*, gelesen vom stets stimmbruchgefiepsten Herrn Merk, die Fachwelt zu martern.

Auch die steigenden Spielergehälter und den gnadenlosen Kommerz kritisieren die Schiedsrichter. Ihre Arbeit wird dabei besonders seit Ende der 1980er durch viele verdeckte Fouls und Schwalben erschwert. „Die Rücksichtslosigkeit hat Hochkonjunktur", sagt Manfred Amerell – und Eugen Strigel, mittlerweile Vorsitzender des DFB-Schiedsrichter-Lehrstabs, ergänzt zum Videobeweis: „Wer die absolute Gerechtigkeit will, kann nicht Fußball spielen."

Strigel verantwortet auch die Schiri-Rhetorikkurse, die seinen Kollegen bei der zunehmenden Konfrontation mit Live-Interviews helfen sollen. Was dabei herauskommt, zeigt wiederum Pfeifenkopp Amerell: „Diesen Schwachsinn mit dem Fingerspitzengefühl kann ich nicht mehr hören. Fingerspitzengefühl brauche ich nur bei meiner Frau."

Wolf-Dieter Ahlenfelder hängte der DFB einen zu tiefen Blick in die Flasche an und versagte ihm die Teilnahme an FIFA-Turnieren, obwohl Fachleute in ihm einen der Besten sahen. Als er die Pfeife an den abgedroschenen Nagel hängte, zeigte sich „der bunte Vogel" nicht um eine Antwort verlegen: „Diese Erbsenzähler vom DFB haben mir das schönste Hobby vermiest."

Im Buchladenregal lassen die Geschichten von Schiedsrichtern den ersten Blick vielleicht schnell weiterschweifen. Doch Gotthard Dikty hat mit *Schiri: Telefon!* einen erweiternden Fundus von Fußballerfahrungen offen gelegt. Der fällt dankenswerterweise nicht den prominentenfixierten TV-Kameras mit ihren Nachweisen von Ottmar Hitzfelds Kragenschmalz und Lothar Matthäus' Kleiderschrank anheim, offenbart aber eine äußerst skurrile Verbeugung vor der Autorität der richtenden Pfeifen. Dem legendenumrankten Reichs- und Bundestrainer Sepp Herberger wäre so was nicht zuzutrauen gewesen, denn er war davon überzeugt, „dass niemand in Deutschland so viel vom Fußball versteht wie ich".

Herberger meets Postmoderne

Jedem Fußballfan fällt auf Anhieb mindestens ein Spruch von Sepp Herberger ein, wenn gerade ein begnadetes Urteil gesucht wird. Stets tauchen seine tautologischen Formeln in aktuellen Zustandsbeschreibungen auf, denn immerwährend ist nach dem Spiel vor dem Spiel, weil das nächste Spiel immer das schwerste ist und neunzig Minuten dauert. Kurz: „Fußball wird bleiben, so wie er ist" (Josef Herberger). Die Sprüche des Mannes, der zeitlebens unter der bayerischen Koseform „Sepp" zu leiden hatte, obwohl er auf dem mannheimerischen „Seppl" bestand, gelten noch heute als erste Medienfibel trainerischer ABC-Schützen. In Stein gemeißelt wirken Modernisierungen da eher schief: „Der Ball ist rund. Wäre er eckig, wäre er ja ein Würfel" (Trainer Gyula Lorant). Und auch die Zitatflut der heutigen *dpa*-Ticker und SAT.1-Häscher kann das kryptische Urwerk des in vier Jahrzehnten wirkenden Trainers irgendwie nicht überschatten.

Klarer Fall: Herberger war vielleicht der erste deutsche Trainerpopstar. Sicher, es gab in den Fünfzigern auch andere Fußballlehrer, die wie Herrmann Lindemann mit Sprüchen à la „Unmögliches wird sofort erledigt, Wunder dauern etwas länger" oder „Erst das Fundament, dann die Spezialitäten" glänzten. Historischer Tribut gezollt wird aber vor allem dem Herberger, der als „der liebe Gott" (Franz Beckenbauer, „Kaiser") die fußballerische Transzendenz komplettiert. So sehr die Weisheiten zu dieser Zeit auch im Raume umhergeisterten und von vielen Trainerkollegen praktiziert wurden, brachte Herberger sie für viele am wirksamsten auf den Punkt. Die situativ meistens greifenden „Argumente" lassen in der nackten Aufzählung den großen Seppl als Phrasenschüttler dastehen, der sich prä-breitnerisch auch aus anderen als der DFB-Bücherei bediente: „Mao hat ein Buch über Taktik geschrieben, das hat natürlich nichts mit meiner politischen Einstellung zu tun, wenn ich Mao lese."

So gern in Analysen schlechtwisserischer TV-Moderatoren lückenbüßerisch verwandt und auch unwissenderen Fußballflaneuren verständlich, entziehen sich Seppls Weisheiten zur Rolle der Frau und seine Pauschalisierungen zu ausländischen Fußballern dieser Unbeschwertheit. Ganz im Gegenteil werfen sie ihn schnell wieder auf seine mitläuferische Verortung und die gesellschaftliche Adaption seiner Zeiten zurück.

Lob sei denjenigen zugesprochen, die nicht immer wieder das überhöhen, was mittlerweile wirklich zur Genüge ausgetreten wurde: die Schaumschlägerei über den WM-Sieg der DFB-Elf in Bern 1954. Unsäglicherweise holen einlullende Zeitzeugen und DFB-schuhleckende Chronisten immer wieder die Geschichten von „Aus dem Hintergrund müsste Rahn schießen" und „Toni – du bist ein Fußballgott" aus der Mottenkiste, bei denen sich rechtskonservative Populisten und sozialromantische Altlinke ideologieübergreifend die Hand reichen. Damals scheinbar nicht existente Zweifler werden mit den Kanon gewordenen Worten zurückgedrängt: „Ihr könnt ja nicht wirklich mitreden, ihr wart nicht dabei."

Schwammige Literarisierungen bringen den Trainer in Verbindung mit der Philosophie Nietzsches und Heideggers. Vereinnahmend verharmlost auch der Herberger-Biograph Jürgen Leinemann seinen Schützling: „Im Grunde war Herberger schon, was heute postmodern heißt." Allein dass Herberger über ein „historisches Arsenal" von Versatzstücken aus Personen, Szenen, Zitaten und Anekdoten verfügte, „die er zum persönlichen Gebrauch so inszenierte, wie es ihm passte", soll ihn laut Leinemann zur Galionsfigur der Postmoderne hobeln. Aber Schluss jetzt, denn eines ist klar: Herberger wären all diese Diskurse ziemlich egal gewesen. „Wenn ich den Spielern wissenschaftlich-theoretisch gekommen wäre, dann hätten sie auf dem Spielfeld garantiert das meiste falsch gemacht." Er war eben „ein richtiger Guck-in-die-Welt" (der Herberger Seppl über sich selbst) und hätte deshalb nur anti-intellektuell abgewunken: „Vor der Wissenschaft ziehe ich meinen schlampigen Hut."

> *„Kurzum: Der Sport, einst aus wirklichen Spielen des Volkes hervorgegangen, vom Volk geschaffen, kehrt nun – analog zur folk music – zum Volk zurück in Gestalt des fürs Volk geschaffenen Spektakels."*
>
> Pierre Bourdieu

Gerd Dembowski
„In der Tat..."
Im Netz des seligen Günter

Leidige Sportkommentatoren zwingen die Sport-Schau-Gemeinschaft zu ständigen Beschwerdediskussionen, weil ja eigentlich sie sich selbst für die besseren Fachleute halten. Fachleute, die nicht käuflich sind, denn im Gegensatz zu ihnen beschönigen die meisten Kommentatoren lieber noch mal, um es sich nicht mit irgendwelchen Einflussgrößen zu vermiesen. Deswegen drehen manche Zuschauer den Ton ab, andere den exakteren Radiokommentar an. Oder sie sprechen sich für „das allergeringste Übel" (TAZ) aus, den pornogescheitelten Günter Netzer. Der Netzer versteht es, auf gepflegte Art und Weise Scheiße zu sagen, indem er nüchtern ausspricht, was die TV-Zuschauer eigentlich längst wissen. Netzer ist halt jemand, der „mit seiner Meinung nicht hinterm Berg hält" (Roger Willemsen) – nicht mehr und nicht weniger. Denn dem ZDF geht es um Quoten, und die sichert es, indem Tretminchen Netzer fachmännisch papageiern darf, was der Zuschauer hören will. Und damit er bloß nicht so richtig heftig zum kritischen Miesmacher und Spielverderber gestempelt wird, entschärft er ständig und höchstpersönlich seine Querschläger: „Ich verletze nicht, ich beleidige niemanden. Darauf bin ich stolz. Leider ist es so, dass ich ständig negative Dinge aufzeigen muss – und das entspricht überhaupt nicht meinem Naturell." Deshalb erteilt er den Fußballhippies der 70er eine klare Absage und entsagt dem linksalternativen Gestus, der ihm in seiner aktiven Zeit einmal untergejubelt wurde. „Ich war nie ein Rebell", sagt Netzer 2000 in einer Werbekampagne der FAZ, sondern „immer nur an Fußball interessiert". Das hat auch der *Stern* kapiert und tauft ihn gleich „das gute Gewissen des deutschen Fußballs", weil er den rebellischen Nörgler nahezu perfekt spielt. Eine seiner internalisierten Regieanweisungen ist, niemals „Ja", sondern bevorzugt, immer irgendwie abwesend „In der Tat..." zu sagen. Darin ist Netzer Meister und anscheinend reicht das, um in der Sportberichterstattung einen philosophischen Grad und den Adolf-Grimme-Preis zu erlangen. Dabei ist er doch nur der Fußball-Zlatko, der wie ein *Big Brother*-Insasse im Leben, seinerseits vom Fußball gelernt hat. Beide spielen das Spiel nun chamäleongleich mit, so dass folgende Aussage von Günter Netzer auch durchaus von Zlatko Trpkowski stammen könnte: „Die Leute nehmen mir offenbar ab, dass ich authentisch und kein Kunstprodukt bin. Im Laufe der Jahre habe ich in den unterschiedlichsten Jobs die Fähigkeit entwickelt, die Dinge auf den Punkt zu bringen. Das entspricht meinem Charakter. Ich präsentiere mich so wie ich bin und muss mich nicht verfälschen. Die Popularität, die daraus entsprungen ist, war keinesfalls eingeplant." Okay, Zlatko bringt so was noch apodiktischer auf den Punkt: „Ich habe eine Menschenkenntnis, da scheißt du dir in die Hosen." Beide präsentieren Authentizität, die im Zeitalter des sich Verkaufens wohl so gefragt bei den Zuschauern ist. Und ihnen ist es wurscht, dass die Tatsache etwas zu „präsentieren" bereits Simulation anstatt Realität bedeutet.

Darüber hinaus ist die Co-Kommentierung mit Gerhard Delling eine dankbare Rolle, in der Netzer problemlos glänzen kann. Denn wenn Delling so Schlaues sagt, wie „Ich wage die gewagte Prognose: Wenn es ein Unentschieden gibt, dann gibt es keinen Gewinner" ist es selbst für Netzer ein Leichtes sich schön zu schwafeln. Als Hauser & Kienzle der Sport-Kommentierung simulieren die beiden einen kritischen Fußball-Diskurs. Im Endeffekt zielt dieser immer darauf ab, dass es doch eine Ehre sein sollte, für Deutschland zu spielen. Netzer, der Mann mit der Trümmerfresse, der Fußball-Kinski, fordert Begeisterung „für diese wunderbare Fußballnation", egal wie. Dann kommt es wieder: Den Deutschen sei die Spielkultur abhanden gekommen, ihnen fehle der überraschende Pass, wo sind „unsere ureigenen Stärken"; all die Floskeln, die jeder kennt – und für die Netzer bewundert wird, bloß weil er sie ehrlich im Fernsehen ausspricht. Und „wenn da anders gearbeitet" wird, „dann werden wir wieder eine gute Nation", verspricht Netzer. Ja, dann sind wir also wieder wer, und Netzer kann auch wieder besser schlafen, und das wollen wir ja alle. Dazu predigt Netzer absolute Trainer-Hörigkeit; gerade der Netzer, der sich unter Mönchengladbach-Coach Hennes Weisweiler selbst einwechselte, weil es ihm zu bunt wurde.

Bei seinen gelangweilt, nahezu apathisch vorgetragenen Spielanalysen ist es noch am interessantesten, wenn er mit seinem Gebiss beginnt, klappenderweise auf Inge Meysels Spuren zu wandeln. Ohne Dellings verunglückende Stichworte würde Netzer wahrscheinlich gar nichts sagen, sondern einfach nur dasitzen, irgendwas von „deutscher Identität" oder „Wir sind in einer Leidensphase" faseln und seinen aufgeblähten Schrumpfkopf wippend in die Kamera halten.

Pop-Heilige

Marvin Chlada / Gerd Dembowski
Wunder gibt es immer wieder
Ein Gebet für Dr. Motte, Michael Jackson, Jürgen Drews und andere Talente

Pop ist Politik! Und Politik ist Pop, weshalb die paradoxe Wortschöpfung „Love Parade" – Liebe meets Militär – trotz der dämlichen Motti unter denen sie jährlich stattfindet, als „politische Demonstration" durchgehen kann. Guru Matthias Roeingh alias Dr. Motte hält dann auch seine „Liebet Euch"-Rede mit der Überzeugung einer Scheißhausfliege, die er auch mimisch sehr „gut drauf" hat. Motte ist Techno-Gott, deshalb widmet ihm euer nächstes *Vater Unser*. Selbst seine Mama soll ihn nur noch „Motte" nennen. Na, dann: „Peace on earth", „We are one family" oder „Music is the key". Der Schleimer selbst sucht derweil den „Draht zum Kosmos": Vater, hast Du ihn verlassen?

Ein weiterer schlimmer Finger heißt Gotthilf Fischer, dessen Name nix Gutes verspricht. Bereits 1998 dirigierte er im Engelskostüm seine Bande, aber erst auf der Love-Parade 2000 war er dann auch „voll drauf", weil jemand seinen Vornamen ernst nahm, und ein paar Himmelgucker ins Bierglas des Fischers schmuggelte. Es war der reinste Horrortrip: Der Dirigent sah nur noch Papageien und hörte die Fischer-Chöre „Hoch auf dem gelben Wagen" singen. „Beim Moderieren fing ich an zu tanzen. Ich konnte und wollte nicht aufhören." Wie schon David, als er den Herrn pries. Nun warnt er vor neuen Gotthilf-Pillen, die ein achtstündiges Dauergrinsen verursachen. Wenn das daher kommt, dann muss Stabwedler Fischer schon seit einigen Jahrzehnten auf Droge sein.

Gebetet werden sollte für Michael Jackson, der mit Griffen in den Schritt, eunuchenhaftem Sängerknabengestöhne und sich trollendem Schlurfen offenbart, wie sich chronische Verstopfung auf musikalisches Empfinden auswirkt. Jackson stilisiert sich selbst zum Messias unter den neuen Heiligen und schaut herablassend auf

Journalisten, die ihn ignorant zum „King of Pop" degradieren. Verdammt, haben diese Barbaren sich denn nie seine Videos genauer angesehen? – Genau das tat der Theologe Gerd Buschmann und befand sie fortan als wirksames Mittel zur Re-Christianisierung der gottesabtrünnigen Jugend. Laut Buschmann schmeißt Jacko besonders im *Earth Song* mit religionsunterrichtskompatiblem Erlösermüll nur so um sich. Dort ist die Bibel die Ghostwriterin und der Popoking der paranoide Erlöser, der – nett wie er ist – die Last aller Welt auf sich nimmt. Er gibt sich als mutiger Enthüller von längst Enthülltem, der zwischen den kleinen dummen Menschen und Gott vermittelt: „Heal the world, make it a better place." Während er so hemmungslos naiv die Missstände dieser Welt daherjault, wird dabei jedoch offensichtlich, dass in erster Linie er derjenige ist, der dringend professionelle Hilfe benötigt. Anklägerisch krallt er sich zwischen zwei Bäumen fest, quietscht und quetscht das ganze Elend aus sich raus wie einst Jesus am Kreuz. So will Jackson die Welt selbst erlösen. Aber wie genau? – Deshalb mal eben Gott im Himmel anchecken und fragen, was der dazu meint. Ursachenanalyse ist Fehlanzeige – ist ja nur Pop. Als androgyner Bewegungslegastheniker bietet Jacko sich als Identifikationsfigur und Scout auf dem Scheinausweg an. Seine Berufung zum Wunderknaben beweist er durch hauttechnische Verfärbungskünste: Sehet, welch Wunder. Reli-Lehrer Buschmann findet das toll und will Jackson-Videos in Schulen vorführen. Dann sollen die Kinder darüber diskutieren und ein „Schreib-Knickspiel" organisieren. Zum Schluss nötigt er die armen Zwangsgetauften zum christlichen Theaterspiel und propagiert das „Erschließen einer dieser ausdrucksvollen, symbolischen Gesten durch pantomimisches Nachspielen". So sieht es aus, das neue, fesche, total ausgeklügelte Draufsein der Kirche, gläubig sein leichtgemacht, mit Bibelstunde bei MTV – da lässt sich das Nachbarskind doch gern mal eine Hostie zwischen die Zähne klemmen.

Und wenn es mit dieser Hostie zwischen den Zähnen anfängt zu singen, hört es sich ungefähr so an wie Wolfgang Niedecken von BAP, den das Magazin *vigo!* der Krankenkasse AOK in jeder Hinsicht den Kölner „Südstadt-Bob-Dylan" nannte. Betet deshalb auch für BAP, deren Gelalle scheinbar unverwüstlich beweist, dass Platten nicht erst rückwärts abgespielt werden müssen, um unverständliche Botschaften zu transportieren. Betet auch für Blümchen, diese lebendige Hundepfeife, die das Wunder fertig brachte und die Wiedergeburt der Marianne Rosenberg einleitete, obwohl diese noch gar nicht gestorben ist. Richtet all eure Spiritualität auf Marius Müller-Westernhagen, den Franz-Josef Degenhardt der Berliner Republik, dem mehr zu Kopf steigt als in seinen alten Kokain-Zeiten. Verewigt hat sich Westernhagen im Bundeswehrlager. Bei ihrer wochenendlichen Rückkehr von der Front ins Ruhrgebiet grölen die Mordwerkzeuge auf den Bahnhöfen: „Ich bin wieder hier, in meinem Revier."

Betet für Die Toten Hosen, die so zielgruppengerecht und einfühlsam den FC Bayern verabscheuen, als wäre es furchtbar anstößig – um in Interviews dann wieder zu erzählen: Hey, nehmt das doch nicht so ernst. Na ja, sie haben ja auch nicht mehr den Anspruch, Punkrock zu machen; den hatten sie laut einem ihrer Songtexte nur so „lange Johnny Thunders lebt". Und die Punkgröße der *Heartbreakers* und *New York Dolls* ist ja sinnbildlich wie aufopferungsvoll ausgerechnet 36 Stunden nach einer Studioaufnahme mit den Toten Hosen verstorben. Seitdem sind die Höschen in der Krachrock-Mitte angekommen, wo sie liebevoll von den Böhsen Onkelz in die Arme geschlossen werden. Auch das Live-Publikum beider Bollerbands nähert sich beim bundeswehrtauglichen Sound an. Arian Wendel hat so was in Berlin mal beobachtet: „Es sah so aus, als hätte man in der Stadt große Steine umgedreht, unter denen hervorkrabbelte, was man ansonsten froh ist, nicht zu Gesicht zu bekommen." Denn neben den Kinderskins und Nazibacken bei den einen, und den Plüschpunks bei den anderen, die entweder noch nicht viel von ihrem eingeschlagenen Weg wissen oder „nur wegen der alten Platten" kamen, trollt sich da alles vom Schnauzbartproll bis Chiemsee-Jäckchen.

Dabei fällt einem auch Wolfgang Petry ein, Volkes Barde, den Klaus Bittermann so hervorragend erledigt hat, als *Bild am Sonntag* Wolle für einen Fototermin in einen Boss-Anzug zwängte: „Nein, diese Kleidung ist nix für den wahnsinnsguten und einfältigen Tropf 'Wolle' Petry, der sich eine Welt außerhalb des Holzfällerhemdes nicht vorstellen kann und Angst davor hat, dass eine andere Kleidung seine Persönlichkeit verändern könnte, von der bislang nicht herausgefunden werden konnte, worin sie besteht, von der allerdings bekannt ist, dass sie durch ein Holzfällerhemd zusammengehalten wird. So ist das nun mal im Karohemden tragenden Holzfällergeschäft, in dem die Leute Eintritt zahlen, weil sie auf der Bühne ein Hemd herumspringen sehen wollen, aus dem es röchelt und quäkt und jengelt, kurz, einen Mann mit einer astreinen Macke, dessen Weltbild die Grenzen der Quer- und Längsstreifen auf seinem Hemd nicht verlässt."

Zu beten wäre aber auch für sein Double im Geiste Jürgen Drews, den „König von Mallorca", der mit viel Liebe sein anspruchsvolles Königreich regiert: „So einen Bescheuerten wie mich gibt's nur einmal. Ich brauche Ballermann 6, das fordert mich total." Für nichts ist er sich dabei zu schade, wenn nur die Kasse stimmt. Auch die *Exklusiv*-Redaktion erkennt dieses treudeutsche Bierbauch-Rebellentum und ernennt ihn glattweg zum „König der Provokation", der „Rotz und Wasser heult", wenn im TV *Ave Maria* ertönt.

Drews' Lehrer zeigt, wie und um was es geht.

Man nehme abgenudelte Gags, eine Prise Pinonse, einen abgelegenen Sendeplatz, möglichst zwei halbnackte Tanztussis – und der Mann mit dem Floh im gelifteten Po kommt vorbei. Mit seinen Metaphern setzt er neue philosophische Maßstäbe, so z. B. mit seinen Assoziationen zu Silikonbrüsten, die er sinnigerweise einmal so beschrieb: „Ein Silikonimplantat sieht aus wie ein Mozzarella-Käse, nur halt anders." Dabei grinst der fiese Wischmop und verdreht die Augen, als wäre ihm ein Infusionsschlauch in die Nase gelegt, der ihn permanent mit Koks versorgt. Wenn ein Schwarzer singt, dann ist das für „Onkel Jürgen" erst mal abwertend „Voodoo-Gesang". Vielleicht hat er Angst, dass der „Field Negro" mit dem langen Schwanz ihm seinen Schlag bei den Frauen streitig machen könnte. Und deshalb reißt er sich auch beim Auftritt zur Eröffnung irgendeines Wühltischmarkts noch das Hemd herunter, denn „Onkel Jürgen gibt immer alles" und muss sichergehen, dass noch ein Bett im Kornfeld für ihn frei ist. Sein Sohn Fabian hat sich lange für seinen Papa „geschämt". Vielleicht spricht sein Internatsaufenthalt deshalb für den konsequenten Willen eines Sohnes seinen Vater zu verleugnen – und nicht für die Abschiebung eines lästigen Balgs. Jetzt muss Fabian Drews vor den Kameras zur *Exklusiv*-Reportage „Vom Kornfeld in die Strip-Arena" gequält lügen: „Ich bin schon ein bisschen stolz." Jürgen Drews ist zuzutrauen, dass er die versprochene Taschengelderhöhung als Lohn für solch väterliche Nötigung bis heute nicht wahr gemacht hat.

So ist der Jürgen, mal so, mal anders. Gestern noch auf der Bühne genüsslich seine Schmalzbirne zwischen die Brüste von Lolo Ferrari gequetscht, um sich unmittelbar nach ihrem Tod dann kritisch von ihrem Riesenbusen zu distanzieren: „Die hat sich ja vorsätzlich zur Behinderten machen lassen." Aber die Leute haben all das so gewollt und deshalb gibt ihnen Jürgen das, was sie gerade brauchen – ist doch vollkommen egal. Der Country-Schläger Gunter Gabriel, ansonsten eher ein Unsympath, macht keinen Hehl daraus, dass ihm die Galle hochkommt, wenn die Sprache auf Drews kommt: „Der muss sich doch nicht ewig an den Sack fassen. Ey, was soll das." Bleibt also zu hoffen, dass Gabriel beim nächsten mal Onkel Jürgen zwischen seine klodeckelgroßen Pranken bekommt, wenn es ihn nach Austeilen dürstet – und nicht seine Ehefrau.

Marcus S. Kleiner

Xavier Naidoo – Straßenkehrer Superstar

*„Doch der tapfere Christ Naidoo entwickelt
sich mittlerweile immer mehr zum Heiligen."*
Stern

Wie setzt man sich mit einer Medienfigur wie Xavier Naidoo sinnvoll auseinander? Vielleicht, indem man eine dreifache Phänomenologie versucht: eine Phänomenologie der Medien (also sich mit Presseberichten und Interviews befasst), eine Phänomenologie der Medienfigur (d. h. keine Spekulation über den 'wirklichen', den 'Privatmann' Naidoo) und eine Phänomenologie (im Sinne einer Analyse) seiner (Song-)Texte. Das verwendete Material soll dabei zum *Sprechen* gebracht werden, um dem *beredten Schweigen* der frohen Botschaft Naidoos nachzuspüren.

Phänomenologie der Medien

Er hat viele Namen, genauer, ihm werden viele Namen gegeben: „Himmel-Stürmer", „Soul-Wunderkind" (*Stern*), „Jesus der Hitparaden" (*Spiegel*), „Der singende Agent Gottes" (*Bunte*), „Gutmensch" (*Bild*), „Soul-Poet" (*Mannheimer Morgen*), „Seelenmama für alle" (TAZ), „gottesfürchtiger Dummschwätzer" (*INTRO*), „verlogener Sohn" (*Rheinische Post*). Er könnte aber auch – bleibt man bei Nominalismen – eine Mischung aus Xaver (im Sinne von 'Hinterwäldler') und Saviour (Erlöser, Retter, Heiland) sein, also ein weltfremder Missionar. Sei's drum! Sowohl die Polarisierungen der Presseberichte als auch Polemiken ermöglichen keine wirklichen Einsichten.

Werfen wir einen Blick auf die Interviews. Auf die Frage, wodurch sich sein Leben schlagartig verändert habe, antwortet Naidoo in der TAZ: „Ich habe Gott kennengelernt. Das muss Silvester 1993 gewesen sein: Ich habe in der Bibel gelesen, zum ersten Mal, und war völlig von den Socken. (...) Ich hatte so eine Jahreszahlkerze, da stand 1993 drauf. Die habe ich abgebrannt, bis die Eins weggeschmort war. Dann habe ich einfach mal Seite 993 in der Bibel aufgeschlagen – der zweite Brief des Petrus, und der endet mit dem Satz: 'Durch meinen Traumboten Silvanus.' Silvanus an Silvester – das war für mich wie ein Schlag in die Fresse. Was der Petrus da schreibt, hat mich extrem angesprochen, so als wäre es nur für mich geschrieben, wie eine Art Fingerzeig. Ich habe sofort gewusst: Hier hast du dein Ding gefunden." Soweit zur *Erweckung*. Naidoos Glaube ist seitdem unerschütterlich, mit der Institution Kirche kann er allerdings wenig anfangen, obwohl er der „römisch-katholischen Kirche" seine „Gottesfurcht" verdanke (TAZ). Zudem sind Ehrlichkeit und Wahrheitsliebe seine Grundtugenden: „Ich bin ehrlich. Mich berührt nur die Wahrheit und der lasse ich freien Lauf." (*Bunte*) Das verschafft *street credibility*, ein bedeutsames Marketing-Tool unserer Tage. Allerdings bringt die radikale Ehrlichkeit dem *Plappermäulchen* Naidoo auch ziemlichen Ärger: „Wegen Drogenbesitzes hat die Staatsanwaltschaft Mannheim Anklage gegen den Popstar Xavier Naidoo erhoben. Wie ein Sprecher (...) berichtete, wird dem Sänger zur Last gelegt, in seiner Wohnung im Besitz von rund 48 Gramm Marihuana gewesen zu sein. Das Rauschgift sei im Zuge einer Durchsuchung sichergestellt worden. Naidoo war wegen eines Interviews einer Illustrierten [*Bunte*, d. Verf.] ins Visier der Drogenfahnder geraten." (*Mannheimer Morgen*) Natürlich war sein *Coming-Out* wohl überlegt: „Ja, ich rauche Marihuana. Das mag ein Schock für viele Leute sein, aber ich wollte das schon länger öffentlich machen." (*Mannheimer Morgen*) Es sei für ihn nicht länger tragbar, deswegen kriminalisiert zu werden: „Ich sehe hier meine Felle davon schwimmen. Wenn ich in Deutschland keine Akzeptanz finde, muss ich das Land im Notfall verlassen und nach Holland gehen – auch wenn ich Mannheim liebe." (*Mannheimer Morgen*) Und dann die *Brandmarkung*: „Vorbestraft. Wegen Drogenbesitzes (Marihuana) und wiederholten Fahrens ohne Führerschein hat das Mannheimer Amtsgericht Popstar Xavier Naidoo zu 20 Monaten Haft auf Bewährung und 100.000 Mark Geldbuße verurteilt. Damit schrammte der mehrmals vorbestrafte Sänger nur knapp an einer Gefängnisstrafe vorbei." (*Rheinische Post*) Damit hat er sich das Jesus-Image leider selbst zerstört, denn der Herr führte ihn mehrfach in Versuchung, und der Xavier konnte nicht widerstehen. Tausend Tüten waren doch zuviel, zumindest haben sie die Straßen der Erleuchtung vernebelt. Schade Xavier, aber so ist er eben, der Herr. Seine Wege von jeher! Oder denkt Xavier etwa, dass die Heiligen drei Könige dem Jesus-Kind Gold, Weihrauch und Marihuana an die Krippe gebracht haben?

> *„Es kann sein, dass regelmäßiger Genuss von Gras den Geist angreift; es kann aber auch sein, dass Kiffer von Natur aus blöde sind."*
> William S. Burroughs

Die Bezeichnung „singender PR-Agent Gottes" (TAZ) ist für ihn kein Schimpfwort, sondern offenbart, „wie schlau Gott ist" (TAZ). Genau: Gott weiß doch, was wir wollen, er hat uns ja schließlich erschaffen. Wir sind seine Schäfchen von jeher!

Mit Xavier Naidoo könnte die Welt so viel besser sein. Missstände werden von ihm stets, zumeist in der Gebärde des Entlarvens, angeprangert, schwierige Phänomene erklärt, Lösungen für die Probleme der Welt angeboten. Wie sollte es auch anders sein, er ist schließlich göttliches Sprachrohr und universelles Vorbild: „Wenn es um Ramsch geht, ist Deutschland wirklich top – nicht einmal unsere Volksmusik ist ehrlich. Jedes Land der Welt hat eine gescheite Folklore – nur wir nicht. Ich meine, klar, die Deutschen können ihre Fahne nicht im Garten hochziehen und auch nicht zu ihrer Sprache stehen. Da muss erst ein Dunkelhäutiger kommen, der sagt: 'Hey, das ist doch alles halb so schlimm – traut euch einfach.'" (TAZ) Aus der ökologischen Krise gibt es, im Sinne Naidoos, einen Ausweg: „Wir sollten einfach alles Benzin, alle Giftstoffe und alle Abgase verbrennen, damit sie aus unserer Atmosphäre entweichen. Danach werden wir nie wieder Probleme haben [Richtig, Xavier, denn dann gibt's weder eine Atmosphäre noch uns – d. Verf.]! Lasst die Leute dann endlich mit ihren Plänen über Sonnenenergie oder Windenergie ankommen, die ja noch alle unter Verschluss sind und lasst uns mit Wasser fahren. Der Wald wird sich nach spätestens einem Jahr erholt haben. Der Mensch denkt, er sei schuld an den Problemen der Natur. Aber die scheißt auf uns – die hat Gott, die braucht uns nicht." (TAZ) Herrlich! So einfach wären unsere Umweltprobleme zu lösen. Packen wir's an! Das Wirtschaftswunder kann Naidoo auch kurz und knapp erklären: „Dabei hat hier nur deshalb ein Wirtschaftswunder stattgefunden, weil Gott es zugelassen hat. Er wollte, dass irgendwann einmal Leute aus aller Welt hierher flüchten können – weil es hier gut ist, es eine Infrastruktur gibt und fließendes Wasser." (TAZ) Halleluja! Gepriesen sei der Herr (Naidoo)! Und schließlich sind auch die neuen Medien, so Naidoo, von Gott beseelt: „Ich weiß, dass der Name Gottes im Internet ist und natürlich ist auch das Internet von Gott beseelt." (*Bunte*) Das Internet, eine Seelenmaschine Gottes? Interessant! Sein Cyberspace von jeher! Danke für diese umfassende Aufklärungsarbeit!

Und wie sähe Naidoos *Brave New World* aus: „Wir kranken daran, dass wir uns nicht um unsere Kinder kümmern. Die ersten drei Jahre lassen wir sie, was weiß ich wie oft, vorm Fernseher hocken. Wenn ich die Welt verändern könnte, würde ich alle Eltern für die ersten drei Jahre mit ihren Kindern nach Hawaii schicken." (TAZ) Traumhaft! Oder doch eher bedrohlich? Denn Naidoo steht Amerika, das er mit Atlantis gleichsetzt, doch sehr skeptisch gegenüber und prophezeit seinen Untergang: „Amerika ist aus dem Nichts gekommen und wird ins Nichts abwandern. Für mich ist es nur eine Frage der Zeit, bis dieses ganze Börsending explodiert. Ich sage das schon seit Jahren: Leute, das ist nicht gut, was da passiert." (TAZ) Die armen Eltern mit ihren Kindern auf Hawaii! Oder doch eher in Geographie geschlafen, Xavier? Oder schon die neue (naidooische) Welteinteilung? Oder ist Hawaii vielleicht der Garten Eden inmitten der Hölle (Amerika)?

Agonie und Apokalypse, auch hier meldet sich Naidoo zu Wort. „Es ist auf jeden Fall so, dass für viele Leute alles kippen und den Bach runtergehen wird. Ich weiß nicht, wie viele Menschen in die absolute Apokalypse stürzen werden, wenn es noch einmal einen schwarzen Freitag gibt. Lass nur die Erdbeben in Tokio sein, dann ist der Strick die neue Mode um den Hals." (*Bunte*) Dieser Ton ist nicht neu. In (vermeintlichen) Krisenzeiten (ob gesellschaftlicher oder persönlicher) gibt es immer wieder berufene oder selbsternannte Propheten, die vom apokalyptischen Grauen sprechen bzw. apokalyptisch gestimmt sind (Endzeitvisionen) – ganz abgesehen von der permanenten Krisensemantik der Medien. Manche *Prediger* nutzen diese Zusammenhänge aus, indem sie zum Glauben und zur Bekehrung auffordern und furchterregende Bilder des baldigen apokalyptischen Weltgerichts ankündigen, vor dem man dann aus lauter Angst in den Glauben fliehen möchte. In den Wirren der Gegenwart scheint Gott fern und machtlos zu sein, die Gottlosen triumphieren, und die Gläubigen erleiden Demütigungen, Verfolgungen und Repressalien. Auch Naidoo wird, wie er betont, aufgrund seines Glaubens fast immer missverstanden und schlecht behandelt. (TAZ) Wirksame Hilfe kann in solchen Zeiten nur Gott selbst bringen. Gott ist, im traditionellen und natürlich auch in Naidoos Verständnis, nicht fern und ohnmächtig, sondern er handelt – oder lässt die gottlosen Größen der Geschichte handeln – nach einem ganz bestimmten, genau festgelegten Plan, der auch das gegenwärtige Unheil und Leid seiner Auserwählten sinnvoll, etwa als Bewährung oder Prüfung der Glaubenstreue, einbezieht. Sogar die Teletubbies sind für Naidoo eine göttliche Prüfung. Auf die Frage, ob Gott auch die Teletubbies zum Zweck der Erziehung geschaffen habe, antwortet Naidoo: „Ich denke, er prüft dich nur. Wenn du deine Kinder vor die Teletubbies setzt, weiß er, dass du kein guter Elternteil bist." (TAZ) Das Leid der Gottesfürchtigen wird bald zu Ende sein und die scheinbar triumphierende Herrschaft der Gottlosigkeit wird von Gott mit Sicherheit gebrochen werden. So auch bei Naidoo: „Wir (...) müssen wahrlich nicht mehr lange entbehren" (*Seine Strassen*); „1000 fette Jahre stehen uns bevor" (*20.000 Meilen*); „es kommt die Zeit der Erlösung" (*Gute*

Aussichten); „voraus gehen meist Jahre voller Schmerz aller Art, sieh es als Prüfung" (*Ernten was man sät*). Keinesfalls herrscht der pure Zufall oder die Willkür gottloser Menschen oder Mächte in der Welt. Dem apokalyptischen Seher ist der Verlauf und das meist katastrophal vorgestellte Ende der Geschichte offenbart worden. Also, sollten wir lieber alle auf Xavier hören? Er geht davon aus. Naidoo als Gottes Sprachrohr, das Radio, das Fernsehen, die Bühne etc. seine Kanzel, seine Texte und Statements die frohe Botschaft, die beträchtliche Zahl seiner Fans seine Jünger. Sein Erfolg scheint zudem die These von einer haltlosen, sich nach Spiritualität sehnenden Generation zu belegen, wobei Spiritualität Synonym für jegliche Art von Sinnangeboten ist. Letztlich ist es egal, ob dies u. a. der Glaube, Lifestylekonsum oder Waren-Ikonen sind. Dennoch fördert nicht zuletzt die eigenwillige Religiosität, die in seinen Texten zum Ausdruck kommt, Naidoos Bekanntheit. Ob in Texten oder Interviews: Naidoo gibt den Messias.

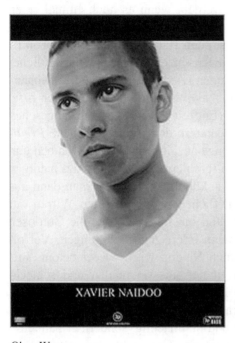

Ohne Worte

Wie für Gott gilt für Naidoo: Du sollst Dir kein Gottesbild machen! (*Exodus, 20, 4*) Er gibt keine Autogramme, will keine Poster von sich. All' dies würde ihn in Konkurrenz zu Gott bringen und somit sein (Seelen-)Heil gefährden: „Ich mache Musik, und das ist genug, was man von mir bekommt. Alles darüber hinaus ist fast schon Götzenverehrung. Ich will aber keine Leute, die mich verehren. Das würde mich in eine Position bringen, die einfach mein

Heil in Gefahr bringt. Wenn ich als Götze irgendwann einmal verurteilt werden kann, dann ist mein Heil in Gefahr. Also muss ich alles dagegen tun, dass ich nicht auf Postern in Kinderzimmern hänge und Gefahr laufe, Gott den Platz streitig zu machen." (*Bunte*) Mal ehrlich: Seit wann hängen denn Poster von Gott in Kinderzimmern? Eher schon Götter aus dem Medien-Himmel. So einer will er natürlich auch nicht sein. Was ist dann aber mit seinen Bildern auf den CDs, den Tourplakaten, den Videos? Hannes Roß bemerkt zudem zu Recht, „dass die Fangemeinde nicht den Gepriesenen, sondern den Preisenden verehrt". (*Stern*) Allerdings bleibt fraglich, ob dabei seine frohe Botschaft im Vordergrund steht. Mit der ihm eigenen „Mischung aus Materialismus und Spiritualität" (TAZ) hat er keine Probleme: „Die Leute sollen sehen: Der Typ ist geil drauf, lebt ein nettes Leben und läuft nicht in Sandalen rum." (TAZ) Eben: Saviour Naidoo Superstar.

Naidoo ist auch Wohltäter: Er lässt seine Preise für gute Zwecke versteigern und hat eine Stiftung gegründet, die sich „mit Themen, die in Mannheim und um Mannheim herum akut sind", befasst. Mannheim bedeutet für Naidoo Heimat: „Für mich ist Mannheim eben mein Zion." (TAZ)

Sein Engagement für die Sache Gottes wird fast immer falsch verstanden. Aber Naidoos Glaube ist sein fester Anker: „Mir ist viel wichtiger, dass die Leute von mir sagen: 'Der ist ziemlich krass, eher schon verrückt, der spinnt' – solange sie wissen, dass dieser Typ glaubt. Das ist das Allerwichtigste. (...) Da kann keiner sagen: 'Ich habe es verkündet, hier in Deutschland: Es gibt einen Gott!' Wenn irgendwas passiert, kann keiner was sagen. Ich habe dafür gesorgt, dass es jeder weiß." (*Bild*) Zu gut für diese Welt? Nicht von dieser Welt?

Bösen Medienspekulationen zufolge soll Xavier Hand an Frau Barbara Becker gelegt haben. Das würde er doch nie tun, denn: „Du sollst nicht nach der Frau Deines Nächsten verlangen." (*Exodus, 20, 17*) Oder führte sie ihn in Versuchung? Konnte er widerstehen? Wir gehen davon aus.

„Sein Ding machen" (*Bunte*) ist nicht nur eine beliebte Formulierung Naidoos, sondern seit *Big Brother* zum Lebensideal einer ganzen Nation geworden. Diese Formel verspricht Authentizität in Echtzeit und das 24 Stunden am Tag.

Und schließlich wird Naidoo selbst vom *Punk-Rocker* des deutschen Schlagers, Udo Jürgens, *heilig* gesprochen. Auf die Frage „Welcher deutsche Popstar kann denn noch ordentlich singen?", antwortete Jürgens: „Xavier Naidoo, der ist wirklich begabt." (*Stern*) Hut ab! Dem gibt es nichts mehr hinzuzufügen!

Phänomenologie der Medienfigur

Sich selbst bezeichnet er als „Negermeister" oder „Der Neger aus Kurpfalz" (*Stern*), um jedem Rassismus selbstironisch zuvorzukommen. Er ist einer der erfolgreichsten deutschen Popstars der letzten Jahre, von seinem Album *Nicht Von Dieser Welt* wurden mehr als eine Million Stück verkauft, von Echo bis MTV-Awards hat er alle wichtigen Musikpreise abgeräumt. „Glaube versetzt eben nicht nur Berge", wie Jörg Isringhaus bemerkt (*Rheinische Post*). Soulig (Musik, die aus der Seele fließt), Farbig (leibhaftige Erinnerung an deutsche Kollektivschuld), Gläubig (nach der Entzauberung der Moderne und dem daraus folgenden Sinnvakuum, endlich wieder eine Sinninsel) so könnte die Marketing-Strategie Naidoos lauten.

Geboren am 2. Oktober 1971 in Mannheim, als Sohn einer Südafrikanerin und eines Vaters mit indischen Vorfahren, beginnt Naidoo das Singen in Schul- und Kirchenchören. Nach der Mittleren Reife und einer abgebrochenen Koch-Lehre (in *Bunte* erfährt man ferner davon, dass er ebenfalls Verkäufer und Badehosen-Model war) erhält er 1992 das Angebot zu einer Plattenproduktion in den USA und sammelt dort erste Musikbiz-Erfahrungen – vor allem schlechte. Enttäuscht zurückgekehrt ins heimische Mannheim, singt er in Musicals und jobbt nebenbei als Türsteher des Mannheimer Milk!-Clubs. Schließlich landet Naidoo als Background-Sänger beim Rödelheim Hartreim Projekt der Frankfurter Produzenten Moses Pelham und Thomas Hofmann. Die bauen ihn für ihr Label 3p zum Solo-Star auf. Die von ihm gesungene, aber unter der Marke Sabrina Setlur erschienene Single „Frei sein" lenkt die

Aufmerksamkeit auf den Mannheimer. Im Juli 1998 erscheint dann sein Debüt-Album und die Erfolgsstory nimmt ihren Lauf. Natürlich wissen wir, dass diese schon 1993 mit der Erweckung Naidoos begann. Auch ein Auserwählter braucht seine *Aufwärmzeit*.

Innerhalb des immer stärker um sich greifenden Kult-Marketings (Norbert Bolz/David Bosshart) ist die Marke Xavier Naidoo ein voller Erfolg. Marken werden zu Mythen, Logos zu Hostien. Im Falle Naidoo werden religiöse Werte nicht, wie für das Kult-Marketing charakteristisch, durch Waren-Ikonen und Lifestyle-Konsum ersetzt, sondern gerade mit diesen verbunden. Die Popkultur wird dabei als universelle Kommunikationsform genutzt. Naidoos (Marken-)Schöpfer (nein, nicht *der* Herr, sein Wort erweckte ihn ja nur, sondern *die* Herren Moses Pelham und Thomas Hofmann), haben es meisterlich verstanden, eine *Kult-Marke* und ihr ganz persönliches *Goldenes Kalb* zu kreieren. Bekanntlich hat Naidoo in jüngster Zeit, durch seinen Bruch mit dem Label 3p, den rituellen Vatermord vollzogen. Wird er auch Hand an seinen Über-Vater legen? Und schließlich der neue Anti-Christ werden? Wir werden sehen.

Phänomenologie der Texte

Naidoos (Song-)Texte sind voll von Erweckungs-, Erneuerungs- und Erlösungsphantasien, messianischen Verbrüderungsmetaphern und dem Selbstbewusstsein dessen, der die (göttliche) Wahrheit kennt und der die, die diese Wahrheit nicht akzeptieren, *bekämpft*. Seine Songs sind entweder in Liebeslieder verpackte Gebete (Glaube und Gefühl bzw. Leidenschaft verschmelzen hierbei) oder (weitestgehend) *apokalyptische* Erzählungen, die die Negativaspekte der Welt katastrophisch ausmalen. Je drastischer diese Bilder sind, um so emphatischer wird die (*religiöse*) Erneuerung des Menschen beschworen.

Naidoo möchte von seinen Hörern bezeugt werden: „Du musst mich bezeugen, geh zu Deinen Freunden und sag' in Mannheim lebt ein Mann, der macht Musik aus unseren Träumen." (*Seid Ihr mit mir?*) Bezeugung bedeutet zugleich Erzeugung, Subjektwerdung Naidoos als (akzeptierter) spiritueller Führer. Er hat die Macht, das zu verwirklichen, was wir nur zu träumen wagten. Bezeugung vielleicht auch deshalb, weil „ein Glauben, den man mit niemandem teilt, Schizophrenie" (*Viktor Pelewin – Generation P*) heißt. Seid mit ihm!

Naidoos Engagement für die Sache Gottes drückt er in seinen Texten mit Kampfmetaphern aus: „Lass uns groß werden wie ein Heer", „Mach uns groß wie ein Heer" (*20.000 Meilen*); „Der Herr führt sein Heer"; „Du musst ihn suchen, denn vielleicht bist Du's den (...) er braucht um sein Heer zu vermehren" (*Seine Strassen*). Ebenso mit klassichen Zahn-um-Zahn-Szenen: „Tue es mir und ich tu's Dir, das is 'ne Warnung" (*Ernten was man sät*). Oder: „Wenn ich net' leben kann, dann gehen 'mer alle drauf, ich helf' Dir gern' beim Springen, wenn Du Dich net' alleine traust." (*Könnt ihr mich hören?*) An anderer Stelle wird der Eindruck des lyrischen Ich als einer *tickenden Zeitbombe*, getarnt als Aufklärer in Sachen Rassismus, vermittelt: „Eisenstange, Hinterkopf, Volltreffer, Bum, Pow, Nigga this Nigga that how u like ya Nigga now, auf einmal wird deutlich, wir sind doch ziemlich gleich, denn auch bei Dir fließt Blut über offenes schmerzendes Fleisch, vielleicht wird Dir dann klar, dass es net besonders clever, sondern eher bescheuert war, mich dahin zu treiben, wo ich dann endlich bin." (*Könnt Ihr mich hören?*) Glaube und Kampf sind für Naidoo untrennbar verbunden: „Glauben ist wie eine Waffe. Eine Waffe gegen alles." (*Stern*) Wohin diese *Waffe* geführt hat und wohin sie, vor allem in der Ausprägung Naidoos, führen kann, ist hinlänglich bekannt.

Klassische Licht- bzw. Hell-(Licht Gottes)-Dunkel-(Welt, Mensch)-Metaphern lassen nicht lange auf sich warten. „Du bist mein Licht, das die Nacht erhellt." (*Nicht von dieser Welt*) Genauso wenig wie der Wunsch nach göttlicher Reinheit und Unschuld: „So rein zu sein wie du, zeig' wie ich das tu'." (*Führ' mich ans Licht*) Alles, um Gottes Anerkennung zu erlangen: „Ich wär' so gern Dein Held." (*Führ' mich ans Licht*)

Der Grund allen Übels liegt natürlich, wie hätte es auch anders sein sollen, in der Verfassung unserer Gesellschaft: „Das System, in dem wir hier leben, ist ungerecht, tückisch und kalt." Damit gibt man sich nicht zufrieden und leistet Widerstand: „Wir können uns dem Schicksal ergeben, die meisten Träume werden hier nicht alt, wir könnten aber auch die Ausnahme sein, wir suchen das gelobte Land, geben nicht auf und lenken nicht ein, wir sind klein, doch leisten großen Widerstand." (*Eigentlich gut*)

Immer wieder wird eine *verschworene* Gemeinschaft von *Getreuen* hevorgehoben: „Wir sind umgeben von Getreuen, jeder für jeden bis aufs Blut." (*Eigentlich gut*) Natürlich ist diese Gemeinschaft auserwählt und wird für ihre Taten belohnt werden: „Nur eine Hand voll guter Männer, nicht viel mehr, ist alles, was wir sind, doch morgen schon sind wir ein Heer, riesengroß auf dem Weg zu unserem längst verdienten Thron." (*Gute Aussichten*) Oder: „Denn es kommt die Zeit der Erlösung für uns Männer an der Front und bald kommt die Wende, heute sind wir arm, doch die Armen werden reich sein." (*Gute Aussichten*)

Nächstenliebe hin, Nächstenliebe her, wer ihm (Naidoo) nicht folgt, der ist unwürdig, dumm und blind: „Teilt ihr meine Ansicht über Schlecht und Gut oder wisst Ihr Vollidioten überhaupt net' was Ihr tut." (*Könnt ihr mich hören?*) Dabei verkündet er doch die Wahrheit der Wahrheiten: „Es is' wahr, die Scheiße, die ich kick', is' Offenbarung" (*Könnt Ihr mich hören?*); oder: „Meine Worte sind Wahrheit" (*Gute Aussichten*). Dies wird mitunter von der Presse bestätigt: „Es heißt, dass Heilige und Narren die Wahrheit sagen, Naidoo ist jedenfalls beides." (*Spiegel*) Die Illusion der eigenen Superiorität und Einzigartigkeit wird lediglich über die vermeintliche Primitivität eines Dritten definiert. Die Konstruktion von Feindbildern wird dabei in Kauf genommen. Auch dies ist Bestandteil einer erfolgreichen Selbstvermarktung, wie sie unter anderem in der amerikanische Hip-Hop- und Rap-Szene sehr erfolgreich praktiziert wird. Apropos Amerika. Naidoo lehnt zwar Amerika rigoros ab, entlehnt deren Musikszene und Lifestyle dennoch sehr viel.

In den Texten Naidoos begegnet man einem nicht ungefährlichen, dennoch sehr vertrauten Dogmatismus – zu dem er sich immer wieder bewusst bekennt. Er hat die Wahrheit gesehen, alles andere als diese Wahrheit hat (für ihn) keine Existenzberechtigung,

Andersdenkende sind unwissend und werden *bekämpft* bzw. *ausgeschlossen*. Der Weg Naidoos zum (spirituellen) Führer ist nicht weit, er unterscheidet sich in seinem (religiösen) Fanatismus kaum von anderen Extremisten, ob Sektenführer, Terroristen oder Faschisten. Selbstreflexion scheint ihm hierbei fremd zu sein. So banal es ist, den Konsumenten immer als *Opfer* zu bezeichnen, so gefährlich ist es auch, sich immer auf den Käufer als einen aufgeklärten und autonomen zu verlassen. Musik ist ein Medium, in dem Rationalität überschritten und auf der Ebene von Stimmungen und Befindlichkeiten *gespielt* wird. Dies, die gekonnte Selbstinszenierung und Vermarktung Naidoos, lassen seine Texte eher nebensächlich erscheinen, obwohl sie ja die eigentliche frohe Botschaft sein sollen, die allerdings ziemlich *inhaltsleer*, redundant und deterministisch ist: Es gibt Gott, alles was geschieht, geschieht nur durch Gott, Gottes Wort ist das Maß aller Dinge, wir müssen Gott dienen, nur die, die Gott dienen (für seine Sache kämpfen), sind auserwählt und werden bestehen, entweder ist alles, was geschieht, vorherbestimmt oder göttliche Prüfung. Damit kann Naidoos frohe Botschaft problemlos im „Medienzeitalter" bestehen: „Der kategorische Imperativ des Medienzeitalters lautet: Kommuniziere so, dass andere sich anschließen können." (Norbert Bolz) Naidoos Message kann sich jeder merken. Jörg Isringhaus betont zu Recht, dass seine „Songs (...) geschickt christliche Symbolik mit esoterischem Geschwafel" vermengen und sich daher „jeder in irgendwelchen Wortfetzen wiedererkennt" (*Rheinische Post*). Zum Glück nicht jeder! Wenn man Naidoos Texte mitunter nicht konkret versteht bzw. hinterfragt, so reicht es aus, zu sehen, wie *schön* (und erfolgreich) ihre fleischgewordene Manifestation (also Xavier Naidoo) ist. Sound, Stimme und Image scheinen perfekt zu sein, also kann die Botschaft nur ebenso sein. Die *Söhne Mannheims* sind die multikulturelle Fortführung und Intensivierung seiner Mission bzw. seiner Marketing-Strategie. Seine Wege von jeher!

Auspeitschung der Naidoo-Puppe

> *„Jesus hätte eine Peitsche genommen und sie ihm in die Fresse gehauen."*
>
> Klaus Kinski

Die Marke Xavier – Saviour – Naidoo, nebenbei ist er auch als Straßenkehrer des Herren („Ich räume Straßen und ebene Wege leg' ich frei" – *Seine Straßen*) unterwegs, funktioniert wie ein Mythos; er gibt ein Bild von der bedrohlichen Welt und webt ein Sicherheitsnetz aus seinen Texten und Statements, das aber nur die einschließt, die sich auf den Straßen des Glaubens bewegen. Der Glaube dient als Kontrastfolie zur Welt. Es bleibt fraglich, ob er dies auch zur Vermarktung Naidoos ist? Naidoo ist *Glaubensunternehmer*. Andreas Schweizer bringt die Paradoxie dieses Aspektes deutlich zum Ausdruck: „Aber es wirkt schon sehr kurios, dass ein Mensch, der sein ganzes Leben auf Gott aufbaut, das kapitalistische Einmaleins in exzellenter Weise umsetzt und sich dem totalen Ausverkauf hingibt." (*eVITA*) Kürzlich gründete er zudem seine eigene Firma, die *Xavier Naidoo GmbH*. Auch der Glaube bedarf des Marketings, also des Kampfes um Wahrnehmung. Die Verbindung von Heilsversprechen und Elendspropaganda bzw. die „Ökumene der apokalyptischen Drohung" (Norbert Bolz) verspricht Erfolg. Im Vordergrund steht hierbei das Pathos der Erneuerung des Menschen: Mensch stehe auf und werde wesentlich, d. h. gläubig! Und kaufe meine *(Ablass)Produkte*!

Anstelle von Argumenten stehen bei Naidoo immer nur pathetische Phrasen, mit denen er ein Thema besetzt. Seine Texte verkümmern zur bloßen Rhetorik, zu Appellen und marktschreierischen Parolen. Naidoo vereinigt dabei viele Seelen in seiner Brust: Er ist Mahner, Aufrufer, Seher, Auserwählter, prophetischer Führer. Sein eindimensionales Weltbild mündet in einem totalitären Ordnungs- und Ausschlusssystem, in dem nur eins gilt: The medium (die Kult-Marke Saviour Naidoo) is the message (der mittlerweile Pop-Heilige Saviour Naidoo). Herr Kinski, bitte beginnen Sie jetzt mit der Auspeitschung.

Gerd Dembowski
(Post-) Modern Talking
Die Auferstehung der Scherzengel

Wer kennt dieses mahnende Szenario nicht aus irgendwelchen Märchen, Kino- oder Fernsehfilmen? Den existenziellen Abgrund vor Augen vernebelt sich der Raum und auf taucht ein kitschig-gehörntes Etwas um den großen Seelendeal anzubieten: „Ich schenke dir Glück, Erfolg und Anerkennung und du mir im Gegenzug deinen Astralleib." Nach einigen Jahren in Saus und Braus taucht das Biest dann wieder auf, um den Vertragspartner in sein Höllenreich zu verschleppen und ihn dort selbigen Qualen auszusetzen. Eigentlich sollte dann auch Ruhe sein, aber christenfördernd, wie es solche Geschichtenschreiber nun mal sind, lassen sie die meisten Protagonisten dem unzuverlässigen Satan von der vielzitierten Schippe springen.

Dieter Bohlen und Thomas Anders haben all diese Storys genau studiert. Deshalb gelang es ihnen 1998, dem Teufel ein tonales Schnippchen zu schlagen. Dem Gehörnten war dies durchaus recht, denn ihm gefielen die Qualen, die ihr Gejaule über die Menschheit brachte. Schnell fand sich also die Verhandlungsbasis für einen grausamen zweiten Pakt. Dieser verlieh ihnen als *Modern Talking* noch einmal ihre statischen Grinsefressen und ließ sie als postmoderne Heinos chancenlos manipulierte Musiklandschaften erobern.

Dabei hatten zahlreiche Ohrenärzte in Ermangelung von Patienten schon ihre Umschulung beantragt, als das Duo seinem letzten Hit *Atlantis is calling* wörtlich gehorchte und im Herbst 1987 mitsamt ihrem Keyboardgetippel unterging. Das Verhältnis des dynamischen Duos war zerrüttet. Bohlen stöhnte über zu viel Maloche und warf Anders vor, nur noch sein Nora-Kettchen spazieren zu tragen. Anders dachte, „er könnte auf eine Platte rülpsen und das wird dann noch eine Nr. 1", höhnte Bohlen noch 1998. Er wollte ihn doch nur vor dem ehelichen Pantoffel Noras bewahren, musste aber profitgeil feststellen: „Thomas genügte, dass wir in Legoland Nr. 1 sind, im übrigen wollte er in Ruhe gelassen werden." So blieb Bohlen aber nur die Flucht ins Projekt *Blue System*, wo er schlechtem Gesang nach Bob Dylan eine vollkommen neue, computerkreischende Bedeutung zuteil werden ließ.

Nachdem Bohlen die politische Revolution in jungen Jahren verraten hatte, befolgte er nur noch das Gesetz des Erfolgs. In seiner Schulzeit hatte sich Dieter noch auflehnen wollen, erfahren wir auf den Fanseiten im Internet. Als ungehorsamer Sohn eines Bauunternehmers schloss er sich einer „linken politischen Gruppe" an und hisste ideologietrunken „eine kommunistische Fahne auf dem Dach des Elternhauses". Doch obwohl der Kapitalismus seine Sinne getrübt hat, wurde ihm eine Ehre zuteil, von der manch linientreuer Sozialist nur träumen konnte: „Ich hab 'nen Orden bekommen. Held der russischen Jugend oder irgendwie so was. Dort hat noch nie jemand mehr Platten verkauft als ich. Das Problem ist, dass ich die Fanpost von dort nicht lesen kann."

Heute bekennt sich Bohlen zu seinem Land: „Ich bin ja auch Deutscher und steh da voll hinter" – und macht wieder einmal klar, wie widerwillig man selbst diesen Personalausweis mit sich rumträgt. Doch Bohlen gibt nicht klein bei: „Deutschland war immer das Wichtigste für mich, obwohl mich das finanziell viel Geld gekostet hat." Damit der Hungerleider finanziell gesehen endlich mehr Geld verdient, will er nun an die Börse.

Er hat aus dem Spott der Fachwelt und einiger Goldkettchenverneiner gelernt, verzichtet auf sein Schnellficker-Outfit und befiehlt seinem gelockten Kompagnon regelmäßig den Gang zum Friseur – gegen das „Über-Softie-Image", das nur zustande kam, „weil Thomas eben so'n Typ war". Der unterwürfige Anders ist sogar dazu bereit, sich einen Drei-Tage-Bart wachsen zu lassen und mit einer Rocker-Lederjacke das übrige dazu zu tun. Kuschend kehrte er nach seinem gescheiterten Desperado-Dasein zwischen Los Angeles und Koblenz zurück. Und damit er nicht noch einmal auf dumme Ideen kommt, herrscht nun eine gerechte Arbeitsteilung. Thomas darf die Fanpost beantworten, während Dieter vorrangig die Interviews in Presse, Funk und Fernsehen übernimmt. Dies war ein feiner Schachzug, wird bedacht, dass Thomas Anders jemand ist, der auf die Frage „Welches Buch lesen Sie gerade?" antwortet „Ottoversand".

Der Bohlen kann das nämlich besser, nicht umsonst nennt er als sein Lieblingsbuch *Ökonomie der Aufmerksamkeit* von Georg Franck und offenbart in seinen Interviews die schlimmsten Befürchtungen. *Modern Talking* zittert, „weil wir tierisch Angst haben, dass wir nicht von Null auf Eins, sondern auf Zwei gehen". Das sind doch mal Probleme aus dem Leben. Auf die Frage, warum er denn seinen Ferrari verkauft habe, entgegnete Bohlen gegenüber *Bravo*: „Die ewige Rumschalterei hat genervt, und jeder wusste immer gleich, wo ich bin. Das geht mir auf den Keks, wenn alle gucken. Ich habe jetzt den Porsche Carrera 911, mit Elektrodach und den ganz neuen Mercedes 500 SL" und ergänzt deshalb abwinkend: „Ich bin kein Auto-Freak mehr."

> *„Ist Gott ein Wesen?*
> *Wenn er eines ist, ist es Scheiße.*
> *Wenn es keines ist,*
> *gibt es ihn nicht.*
> *Nun, es gibt ihn nicht,*
> *doch wie die Leere,*
> *die mit all ihren Formen voranschreitet,*
> *deren trefflichste Repräsentation*
> *der Vormarsch einer unübersehbaren*
> *Gruppe von*
> *Filzläusen ist."*
> Antonin Artaud

Seine Kinder sollen vor Fehlern bewahrt werden und nicht in einer „Schicki-Micki-Gesellschaft", sondern „ganz normal" aufwachsen. Damit sein Sohn Marc beispielsweise kein Auto-Freak, sondern eben ganz normal wird, hat Bohlen ihm zu Weihnachten einen Kinder-Mercedes für 6000 Mark geschenkt, mit dem er jetzt „richtig fahren" kann, „so an der Alster bei uns".

Das ist nur ein winziger Mosaikstein im Wahnsinnsuniversum des Dieter Bohlen, der in Hamburger Kneipen die Zeche prellt, weil die Wirte doch froh sein sollten, dass er zur Umsatzsteigerung nicht woanders sein Bier trinkt. Er ist so ein Typ, der aus der Kneipe torkelt und dem nächsten Menschen, der ihn um etwas Kleingeld bittet, zuraunst, er möge doch besser arbeiten gehen, weil er, Bohlen, hat das ja schließlich auch so gemacht. Als er an einem Verkehrsunfall beteiligt war, bezeichnete er den Knöchelbruch eines Motorradfahrers als „Bagatellsache". Er ist jemand, der seine Interpreten „Testballons" nennt: „Ja, also ich hab gerade drei Mädchen am Wickel, alle so 17, 18, 19, eine aus Holland, eine aus Deutschland, und die andere kommt aus Indonesien oder so." Am Wickel hatte er auch Verona Feldbusch, die er im Mai 1996 in Las Vegas heiratete, was er schon zehn Minuten später wieder rückgängig machen wollte. Da der Standesbeamte aber nicht mehr im Haus war, nahm er Verona mit nach Hause und verprügelte sie, weil sie ihn nicht bekochen wollte. Jetzt hat er seine langjährige Begleiterin Naddel an seiner Seite und freut sich „wenn ich aufwach' und so etwas Hübsches neben mir hab'".

Aber all das kann er sich mit *Modern Talking* leisten, die in der weltweiten Top Ten der Verkaufsheiligen tatsächlich schon in einem Atemzug mit den Beatles, Stones, Elton John und Elvis genannt werden. „Wir sind ja im Moment die einzige Partyband in Deutschland", sagte Bohlen im Februar 1999 in der Harald-Schmidt-Show. Anderer Radiostuss findet bei ihm anscheinend nicht statt, nach *Modern Talking* überall also nur noch Modern Silence: „Ich habe fast die Befürchtung, dass wir zu anspruchsvoll sind."

Niemand ist sich im Stile eines Opel-Manta-Snobs so sicher wie er, wenn er mit den einleitenden Worten „Ich kann das mal erklären" jeder Peinlichkeit einen ernsthaften Ursprung zuweist; z. B. wenn er auflöst, warum er damals diese Trainingsanzüge anhatte oder Thomas Anders Lieblingsstück *Mandy* von Barry Manilow ist. Und wenn gar nichts mehr geht, zieht Dieter sein Totschlagargument: „Ich habe Abitur."

Das reichte aus, um ihn Ende der Achtziger zum Fuchsschwanz-Ideologen der Manta-Generation zu katapultieren. Doch zuvor sah es gar nicht so gut aus, als Diedel Songs schrieb wie

Viele Bomben fallen und in Göttinger Bands wie *Mayflair*, *Aorta* oder *Monza* seine ersten Kinderkrankheiten ausheckte. Auch als er 1978 bei der Hamburger Firma *Intersong* seinen ersten Job annahm, bekam er erst mal die „abgewrackten Künstler", die er heute auch gerne „Kloppsköppe" nennt: „Das Album von Engelbert hab ich mal in einer Nacht komponiert." – „Oder Roy Black: Wir haben eine Million Alben verkauft. Nun werden alle sagen, der ist ja auch gestorben. Aber da kann ich ja nichts dafür."

Verfolgt man Dieter Bohlens Interviews, kann er scheinbar für überhaupt gar nichts irgendetwas. Thomas Anders war ein fauler Sack, C. C. Catch hat die „emotionale Bindung" ausgenutzt, seine Penisbrüche, Smokie-Sänger Chris Norman genoss mit *Midnight Lady* ein Comeback auf seine Kosten und Verona Feldbusch hat ihn provoziert – klar. Der so vom Menschen Enttäuschte resümiert niederschmetternd: „Diese Branche ist eben dermaßen verlogen, genauso wie diese totale Undankbarkeit sämtlicher Künstler". Deshalb am besten nur noch Bohlen, Bohlen, Bohlen und nochmals Bohlen.

> *„Die Leute glauben ja, dass man sich bei dem, was man tut, immer unheimlich viel Gedanken macht. Aber das ist eine Illusion, da muss ich alle enttäuschen."*
> Dieter Bohlen

Dieter Bohlen lehnt letztendlich sogar die Verantwortung für das ab, was in solchen Interviews aus seinem Halse quillt. Er kann ja auch nichts dafür, dass es scheinbar Menschen gibt, die musikalische Einfältigkeit mit Komponieren verwechseln. Es gibt zwei Sorten von Badewannentenören. Auf der einen Seite sind da solche, die sich in ihrer Wanne frei mit sich selbst fühlen, wie ein Fink im Vogelbad ein fröhliches Liedchen pfeifen. *Modern Talking* jedoch sind ein Argument für diejenigen, die sich verkannt von der Musikindustrie beleidigt in ihrer Badewanne wälzen, zu einer teuflischen Mixtur aus Mozart und Caruso verschmelzen, um doch nur ihren Nachbarn auf die Nerven zu gehen. Ja, es muss sie wohl geben, Menschen, die glauben, durch den Kauf einer erbärmlich erfolgreichen Musik auch für sich einen Lichtblitz dieses Erfolges erhaschen zu können. „Es ist wie eine Sucht", formulierte eine verloren zu gebende Fanfrau im *Modern*

Talking-Chatforum. Insofern handelt auch *Modern Talking* mit Drogen, die bislang noch keine Todesopfer gefordert haben. Vielleicht, weil seine Fans schon vor dem ersten Griff ins CD-Regal routinierte Opfer sein müssen; und durch den Gang zur Kasse zu übelsten Tätern werden.

Stefan Heinzmann
Das Buch Metallica

> *„Wer unsere Musik umsonst haben will, den brauche ich nicht als Fan."*
>
> Lars Ulrich

Und es begab sich, dass Anfang der 1980er Jahre ein Live-Mitschnitt *Metallicas* vom *Monsters of Rock*-Festival im Radio ausgestrahlt wurde und die Band vom Moderator als die „Fäkalrocker vom Dienst" angepriesen wurden. Dies war berechtigt, denn bei jeder Ansage zwischen zwei Liedern fiel mindestens dreimal das Wort „Fuck". Damals konnte eine bestimmte Sprechweise noch einige Leute provozieren, das war ja das Schöne. Diese Musik spaltete ihrer Zeit selbst die Schwermetall-Fans in zwei Lager: Die einen fanden's hui, die andern pfui. Und auch der Autor dieser Zeilen muss an dieser Stelle die Hose runter lassen und gestehen, dass ihm vor diesem Konzert die Musik einfach „zu hart" war, wie man damals noch zu sagen pflegte. Wenn man mit der lieblichen Stimme eines Bon Scott und den filigranen Gitarrenriffs der Young-Brüder groß geworden ist, fällt einem das Verständnis für den gewissen Schrupp-Schrupp-Sound etwas schwer. Aber einmal Blut geleckt und vom Virus infiziert, konnte *Metallica* zur Manie werden.

Wer aber spricht heute noch von „zu hart"? Bei allem Geschruppe, das danach kam, erinnert sich heute kaum noch jemand daran, wie wenig salonfähig *Metallica* einmal war. Und so harmonierten Fäkaliensprache und Schrupp-Schrupp-Sound einige Jahre wunderbar miteinander – sogar mit langsam aufkommendem *Metallica*-Boom. Aber es war immer das gewisse Andere, was *Metal-*

lica zu *Metallica* machte, es war die Abspaltung der Metaller von den Metallern, auch wenn diese Dipolität nur für kurze Zeit bestand. Kurz: dieser Doppelprotest ist das Verdienst der Fäkalrocker von einst. Und, um Missverständnisse zu vermeiden: Ich spreche von einer Zeit, in der selbst Bands à la AC/DC nur in poppigen Krisenzeiten im Radio gespielt wurden – auch wenn dies, angesichts der Tatsache, dass AC/DC heute als Hintergrundmusik in der Sportschau eines Privatsenders (der auch für ihr neues Album wirbt) laufen, schwer vorzustellen ist. Als rebellisch galt schon, überhaupt Hardrock zu hören. „Heavy-Metal", „Speed-Metal" und dergleichen lagen da noch in ferner Zukunft.

Auf dem Höhepunkt des Heavy-Booms Ende der 1980er/Anfang der 1990er Jahre wuchs auch die Fangemeinde *Metallicas*, was dazu führte, dass

> *„Metallica lässt sich nur noch beim Spülen ertragen. Während man dabei überlegt, was schlimmer ist, geht die Zeit schneller rum."*
>
> Tanja Seger

der „Doppelprotestfaktor" immer mehr Richtung Null tendierte. Gut für *Metallica*, schade für die alten Fans. Nur wenige Jahre noch konnte man bekennender *Metallica*-Fan sein, ohne gleich von der Scham erschlagen zu werden – verdient hätten wir's, klar: Aber das ist eine andere Geschichte.

Die Sonne schien also nicht ewig für den „echten" Heavy-Metal-Fan. Die kleine eklige *Metallica*-Raupe fraß sich anfangs mühsam durchs Dickicht, bevor sie sich verpuppte (was sie immer noch nicht ansehnlicher machte), um dann eine gewaltige Metamorphose hinzulegen. Und siehe da: Ein wunderschöner Schmetterling kam zum Vorschein.

Um noch schöner zu werden, brauchte er einen Styling-Berater, auf dass er keinen Trend verpassen sollte. Aber wie verstrahlt muss jemand sein, der nicht mehr weiß, wie er aussehen soll? Geblieben ist nunmehr die Geldgier. Wie sonst könnte man sich die Plattenaufnahme mit einem Symphonischen Orchester erklären? Die Band wollte mit ihrem Schrupp-Schrupp-Sound plötzlich in den Olymp der „seriösen" Musikgeschichte aufgenommen werden und manifestierte dies mit millionärsbeleidigtem Gestus in der *Napster-*

Debatte. Besonders schmerzhaft: Die törichten Gesangsversuche James Hetfields, der seine Hoden, so scheint es, dafür in einen Schraubstock spannen ließ. Was soll das? Früher war er stolz darauf, einen guten Rülpser zustande gebracht zu haben. Vielleicht aber hat sein gleichfalls verstrahlter Stylingberater ihm erklärt, dass es „voll cool kommen" würde, wenn ein inzwischen kurzhaariger Ex-Rocker gezwungen ins Mikrofon röchelt. M & S nennt sich das ganze. Oder eher S & M? Würde nicht wundern? Ein bisschen Sado Maso ist zur Zeit ganz hip und die Piercings waren auch nicht umsonst. Dazu ein anständiger Blaskapellensound zu *Harvester of Sorrow*, das wäre doch was. Wer noch immer auf Metal nicht verzichten kann, möge die alten Platten hören. Oder zum bangen auf ein Konzert von Nana Mouskuri gehen. Die kann zwar wegen ihrer überdimensionierten Brille nicht mit der Matte wackeln, aber die Musik ist auf alle Fälle rockiger, als die letzten Kapitel im Buch *Metallica*. Angst habe ich nur noch vor jenem Tag, an dem Nana Mouskuri mit Stacheldrahttatoo am Oberarm erscheint oder ihr Brustwarzenpiercing sich durchs hautenge Abendkleid drückt. Denn dann weiß ich: Das ist das jüngste Gericht. Vielleicht aber brauche ich nur einen Psychiater. Oder einen Stylingberater.

Marvin Chlada
Unterwegs im Auftrag des Herrn
Der Kreuzritter Guildo Horn

> *„Ich hab euch lieb, pardon, will sagen, ich halt euch aus."*
> Wolf Biermann

> *„Piep, piep, piep, ich hab euch lieb."*
> Guildo Horn

Fünf Minuten vor dem *Grand Prix d'Eurovision* am 9. Mai 1998 hatte der TV-Prediger Albrecht Eichenstätter im *Wort zum Sonntag* eine frohe Botschaft zu verkünden: „Vielleicht hat ja der ehemalige Ministrant Guildo das auf sich bezogen, was seinerzeit Jesus seinem Freund Petrus gesagt hat: 'Sei Menschenfischer.'" Der „Kreuzritter der Zärtlichkeit" würde halt nur „seiner Berufung" folgen, d. h. Schlager singen und damit den Menschen „gut tun". Inquisitoren wollen halt nur „unser" Bestes, auch wenn's weh tut.

Nun, wir können aufatmen: Nicht nur Jesus („Liebe deine Feinde"), Michael Jackson („I love you") und der inzwischen zu den Stasi-Akten gelegte Erich Mielke („Ich liebe euch doch alle"), auch Guildo Horn, der „Meister", hat uns lieb. Und bringt den Menschen („uns") endgültig zurück, was „wir" brauchen, um im Turbo-Kapitalismus selig zu werden: den Konservatismus. Bereits der Titel der vom Meister eigenhändig verfassten Diplom-Arbeit lässt theologisches Geheimwissen vermuten: „Befreiung von der Vernunft", heißt das „Meister"-Werk. Statt „Why don't we do it in the road" lautet Herrn Horns Botschaft: „Macht Kinder" (Familie) – die

Nussecken („Nehmet und esset") und das Himbeereis stehen für die Versöhnung mit der Eltern- und Großelterngeneration, der die verblödete Meute bereits durch das freiwillige Hören von Schlagern ihren Tribut zollt.

„Ich hasse Intellektualismus", gab der „studierte Pädagoge" (*Bild*), der sonst jede und jeden liebt, der *Frankfurter Rundschau* zu Protokoll – „vermeintliche Experten", also Kritik, die von „ihrem Elfenbeinturm aus das Leben beurteilen", d. h. nicht angepasst sind, haben keinen Platz in des Kreuzritters Welt. Entsprechend haben sich die Medien Herrn Horns Ausführungen zu Eigen gemacht. Statt Analyse und Kritik gab es die aufregenden Dinge über den Missionar der Liebe zu lesen, Dinge freilich, die „uns alle" brennend interessierten: „Ich spreche ihn bei seinem Vornamen an", plapperte die Ehefrau des Liebes-Apostels ungeniert in die Welt hinaus, „ich nenne ihn Horst". Und auch „was Göttliches" (*Bild*) soll in der Stimme des heiligen Horst liegen: „Bei seinem Gesang geben Kühe mehr Milch." Und Bullen?

Ja, Guildo Horn war groß, mächtig und: wichtig. Beim Wahlkampfauftakt der Grünen in NRW am 9. Mai 1998 durfte die Großleinwand nicht fehlen: „Ab 21.00 zappen wir uns zum Meister beim Schlager-Grand-Prix in Birmingham", warb das Flugblatt der Bündnis-Grünen.

„Ich bin froh, dass es so etwas wie Schlager gibt, das ist so schön, wie etwa Fußball", sagt der Barde. Schlager und Fußball? Wuchs da zusammen was zusammen gehört? Wie sehr doch wünschte sich der Kreuzritter der Zärtlichkeit ausgerechnet Lothar Matthäus zurück in die Nationalmannschaft. Sein Wunsch ging in Erfüllung – er ist halt doch ein kleiner Gott, der Guildo, der Horn. Ein heiliger Friseur. Ein Berlinfahrender. Ein Werbebübchen. Ein begnadeter Sänger. Und wer singt wie ein Engel, sollte sich schleunigst zu ihnen gesellen.

Marc Oliver Hänig
„Bitte nicht wiederwählen": Bingo-Ingo
Das Shitparaden-Aus und andere perfekte Erbrechen

> *„Man hört schon eine Menge Dreck weg,*
> *bevor einem die Ohren abfallen."*
> Pippi Langstrumpf

Wenn Wolfgang Petry sagt, manche Leute müssten schon bei dem Wort 'Schlager' kotzen, dann hat er Recht. Es gab den *Beat Club*, den *Musikladen*, die *Plattenküche* und den *Peter-Illmann-Treff*, es gab *Formel Eins* und Ilja Richters *Disco*. Etwas hatte überlebt: Aber mittlerweile ist auch die *Hitparade* im ZDF auf Nimmerwiedersehen von der Bildfläche verschwunden.

Verdamp lang her: Vor 30 Jahren mutierte ein Flensburger Autohändler zum Koteletten-König von Berlin. Dieter Thomas Heck plapperte mit 78 Umdrehungen pro Minute, was bis zu 25 Millionen Leute hören und sehen wollten. Schaut man sich alte Ausschnitte an, glaubt man an ein televisionäres *Stern-TV*-Experiment oder an die Invasion vom Planeten der Schlageraffen.

Die Interpreten im Schnelldurchlauf: Wenn Bruce Low die Legende von Babylon rappte oder Juliane Werding zur Schutzheiligen der Selbstgestrickten avancierte, wenn der dreimal in Sagrotan marinierte Schnulzen-Terrorist Chris Roberts zum 63. Mal antrat und Fans beflissentlich die eingeblendete Autogrammadresse von Trio aus Großenkneten abpinnten, wenn Hans Hartz („Die weißen Tauben sind Möwen") dem kaputten TED 0,0 Prozent verdankte, dann war abends um sieben die Welt auch für Al Bino und Domina Power noch in Ordnung.

Doch wenn der Komet verglüht, ist der Schweif auch nicht mehr viel Wert. Hecks Nachfolger, Viktor Worms, erreichte nur mit Mühe das Charisma eines Jetta-Fahrers. Kaum zu glauben, dass dieser Vorgarten-Smutje mittlerweile *Wetten dass...* produziert. Schier ewig grinste seither der Uwe Hübner, als hätte man ihm diese chinesischen Glückskugeln implantiert. In seiner letzten Sendung maulfocht der von der Zweireiher-Mafia zermürbte Mann am Rande des Nervenzusammenbruchs seine Tele-Bewerbung bei VIVA, als er Nino de Angelo die „geilste Stimme" bescheinigte. Auf jeden Fall platziert Hübner sich noch vor dem „Totmacher" Worms auf Platz zwei der Schmalspurschleimer-Charts, direkt hinter dem aktuellen Anbieder-Ass Ingo Dubinski.

Womit wir beim nächsten Problem wären: Jeder Tag hat seine Plage, heißt es bereits im Matthäus-Evangelium. Jeden öffentlich-rechtlichen Tag kommt die *Wunschbox* – nach dem Shitparaden-Exitus letzte Ausfahrt für die Eiterpickel am Arsch der Gesellschaft. Schon das Tragen der kühn ondulierten Olaf-Marschall-Gedächtnisfrisur fällt unter krass windschnittwidriges Verhalten. Fehlt nur noch ein Nasenpflaster. Sogar Stefanie Hertel und Stefan Mross produzieren mehr Skandale als dieser Dubinski, rasen in Schaufenster (liebestrunken oder bloß besoffen?), spielen die Trompete vielleicht nicht selbst (Milli-Vanilli-Syndrom) und heiraten und scheiden sich im Wochenrhythmus (wie die Illustrierte *Goldene Frau* verrät).

„Das ist der Dreck, an dem unsere Gesellschaft noch ersticken wird."
Uli Hoeneß

Doch Dubinski bleibt sauber. Mit bemüht verbindlicher Unverbindlichkeit könnte er auch Staubsaugervertreter vertreten oder auf Kaffeefahrten Werbung machen für selbstreinigende Fingernägel oder gegen Spinatreste zwischen den Zähnen. So schafft er es natürlich niemals in die Katja-Keßler-Kolumne. Bingo, Ingo!

Diese Sendung, die Rundfunkgebühren kostet, darf man dennoch nicht einfach verbieten, sonst entsteht der an die Wand gemalte NPD-Effekt und eine Untergrundbewegung formiert sich, die in ihrer historischen Verblendung sogar märtyrergleich mythisch verehrt werden könnte. Nein, bis es auch für die *Wunschbox* „Bitte nicht wiederwählen" heißt, muss statt künstlicher Verknappung eine Therapie wie beim Rauchen angewandt werden: So viele Kippen auf einmal und hintereinander anstecken wie möglich, sprich die Volksbelästigung als Dauerberieselung rund um die Uhr ausstrahlen, bis es allen noch so wohlwollenden Konsumenten irgendwann zu den Ohren rauskommt. Hat doch schon beim Tennis funktioniert. Danach dürfte Dubinski mit den Sympathiewerten einer syphilitischen Meningitis nicht mal mehr eine Anstellung als virtueller Avatar in Aussicht gestellt werden – allenfalls eines fernen üblen Tages bei der Expo in Sibirien.

Wozu sind Schlager gut? Spätestens seit Bobs und Babs dürfte doch klar sein: Die wahre Liebe gibt es nicht, nur das perfekte Erbrechen. Das Lexikon der Vorurteile *Mein schwuler Friseur – oder oder wie Sie sich mit 2222 Vorurteilen über Ihre Mitmenschen lustig machen* (Oliver Kuhn/Daniel Wiechmann) typisiert den Schlagersänger als „seitengescheitelten, großäugigen, solariumgebräunten, schmierigen, schwulen Spießer" und Volksmusikanten als „inszestgeschädigt, pädophil und grenzdebil". In der Tat gehen viele Probanden – der psychologisch wertvollen Tendenz zur guten Gestalt gehorchend – auf das Kindchenschema von Konrad Lorenz zurück, mit weit aufgerissenen Augen wie im Manga. Kann natürlich auch am Koksen liegen.

Oder an Ecstasy, was Gotthilf Fischer – im Peinlichkeitsranking ohnehin Toupet an Toupet mit den womöglich sodomitisch veranlagten Pointer Sisters – bei seiner verzweifelten Vergissmeinnicht-Kampagne auf der *Love Parade* zum Verhängnis geworden war. Ein oder mehrere ostländisch aussehende, unbekannte Attentäter hatten der letztlich doch unkaputtbaren Choryphäe einige dieser lustigen bunten Pillchen ins Bier geschüttet, ohne den Verbrüderungsbesoffenen über Risiken und Nebenwirkungen aufzuklären. In der *Zeit* beschrieb Roger Willemsen, dass dies sich bei Gotthilf „auswirkte, als habe er drei Mon Chéri auf einmal eingeschmissen". Ein feiger Anschlag? – Ohne Frage, aber auch die gerechte Strafe für Kompetenzüberschreitung: Fischer, bleib bei deinen Leisten...

Wozu sind Schlager gut? Nun, für die Schläger selbst wohl weniger, krepieren schließlich immer mehr immer öfter an ihrer vermeintlichen Bestimmung. Roy Black wollte lieber ein Rocker sein und besah sich die Radieschen bald von unten – ganz in schwarz. Rex Gildo gab die Zugabe als Mitarbeiter des Monats im Möbelhaus – jetzt macht die Fiesta für immer Siesta. Für zu viele andere ist die letzte Messe noch nicht gesungen. Würden jedoch die Goldkettchen der Flippers systematisch aneinandergereiht und somit zu einem Würgegerät vereint, gäbe es endlich einen unumgänglichen Ariadnefaden in die Schlagerhölle.

Der Mitschuld anzuklagen sind auch die Komplizen der Musikanten, das Phänomen Saalpublikum (besondere Kennzeichen: schlecht gekleidet mit saurer Dauerwelle und Strassapplikationen) bei Live-Sendungen oder vorsichtshalber lediglich live aufgezeichneten Schunkelexzessen. Der Betriebsausflug in die eigene Realität als Paradebeispiel für die Heisenbergsche Unschärferelation: Alles klatscht von sprunghaft auftretenden Emotions-Eruptionen gebeutelt in die Hände wie ein Haufen unterbelichteter Seehunde, die zuviel Klebstoff geschnüffelt haben. Ein Abend wie eine Tupperparty.

Für fahrlässig vorsätzliche Geschmacksverletzung sind jedoch vor allem die an ihren restringierten Sprachcode geketteten Moderatoren haftbar. Mutanten wie Achim Mentzel, über den Oliver Kalkofe bereits alles gesagt hat, oder Dumpf-Dirndl Carrrrrrrolin Rrrrreiber sind allesamt nicht Teil ihres Lächelns, sondern Schülerlotsen in die Sackgasse der Evolution. Einzige Aussage: Nicht schwächeln, bitte lächeln! Einzige Diagnose: Unpolitisch macht hirntot. Lasset uns gemeinsam ein moll-lastiges Liedchen anstimmen.

Wozu sind Schlager gut? Früher, als die Grapefruit noch Pampelmuse hieß und Raider noch nicht Twix, verklausulierte das Treiben in glitzernden Fräckchen auf strahlenden Bühnen nur die Autoaufkleber-Weisheit: Wer ficken will, muss freundlich sein. Aufgrund des sich verändernden Straßenbildes, in dem plötzlich Männer wilde Mähnen trugen und Frauen modische Kurzhaarschnitte, war die klassisch-konservativ strukturierte Schlagerwelt den Zusehern an den Schwarzweiß-Geräten, sprich der älteren Generation, ein Wegweiser in der allgemeinen Gender-Verwirrung. Ein Jürgen Marcus galt nun mal – wie später auch Patty Lindner – als Orchidee im Gestrüpp der langhaarigen Bombenleger. Die Seichtpop-Aktivisten wurden verehrt wie Heilande der Philanthropie und barsten dabei förmlich vor Liebreiz, auch wenn ihre Platten allenfalls die Goldmedaille beim internationalen Käsewettbewerb in Grenoble abzustauben vermochten.

„Was ich haben will, das krieg ich nicht; was ich kriegen kann, das gefällt mir nicht."

Fehlfarben

Der Rezipient, der gereift war in den Stürmen des Lebens, schaltete den Autopiloten zwangsläufig auf selektive Wahrnehmung – so wie heutzutage die armen Börsen-Wichte. Die Mottoparty: Ich mach mir meine Welt so wie sie mir gefällt: Anästhesierte Geschmackspapillen als eingebaute Sonderausstattung; mit Vollkasko-Mentalität auf dem Mittelstreifen des Lebens. Memo an mich: Wer um den heißen Brei herum redet, kann sich nicht die Zunge verbrennen.

Dann kam ein Aufstand der Anständigen und die Neue Deutsche Welle schockte die alten deutschen Hörer. Let there be Rock! Nicht schön, aber geil und laut. Dann kaufst du dir ein altes Auto, weil ein neues zu teuer ist, und da ist noch so ein prähistorisches Radio drin, dessen Skala nur bis 101,3 langt. Ein kleines bisschen Horrorschau: „Hier WDR vier..." Das ist billiger als Kiffen, so denn das Bewusstsein ausgedehnt und die Wahrnehmung verfremdet wird. Erst andrehen, dann abdrehen! Ein überschäumendes Vollbad in weichgespülten Kuschelklängen. Ohne Gleichen. Programme heißen sozialamtverträglich „Gut aufgelegt", die Hotline „Hörertelefon" – und Nachrichten vernebulösen Pay-TV als Bezahlfernsehen. Leider kein Einzelfall. Die Folge: Hier rufen halt keine Perversen an wie bei Beichtvater Domian, um des Nächtens über Autofellatio zu reden. Da ist Thommy Steiner schon zu cool (wg. Lederjacke). Gewünscht werden Monumentalweisen à la Montanara zwischen Reklame für Rotessa Festtags-Rotkohl und ewiggrünem Liedgut wie Paul Linkes „Glühwürmchen-Idyll". Achtung, Achtung: Gehörwäsche...

Weiter im Text: Schlager und Karneval. Schlager und Karneval als legale Mittel zur Sinnesentleerung, quasi als Lokus für Geist und Seele, sind ja nicht nur vom Schwachsinnsgarantiegehalt eng verknüpft. Wenn die Betroffenen ihre feucht-fröhlichen Fressen ins Fernsehen halten und solche Sachen sagen wie „Da kann man mal vom Alltag abschalten und einmal in eine andere Welt entfliehen", frage ich mich doch, was diese Kreaturen tagein tagaus fertig machen muss: Werden sie bei Talkshow-Entzug in abgedunkelten Kellerräumen von durchgeknallten Cracktypen mit Lötkolben und Kneifzange als Lustsklaven gehalten? Leiden sie an Sodbrennen vom Büromuff oder zählen sie hauptberuflich die Toten in den *Tagesthemen*?

Schlager und Volksgedudel sind also für nichts und wieder nichts gut und mindestens so obsolet wie das Wörtchen obsolet selbst. Wenn Herr Knoll in Wilhelm Buschs *Der Maulwurf* (*Dideldum*, 1874) genervt feststellt: „Musik wird oft nicht schön gefunden, weil sie stets mit Geräusch verbunden", dann tut er dies kund angesichts von Blasmusik eines Bettelmusikantenchores. Nicht Punkrock als Ruhestörung, oder Heavy Metal gar, nein: Humba humba täterä. Und entsprechend fehlinterpretiert, weil als Freibrief für Dilettantismus verstanden, wurde folglich Ludwig Uhlands Vers „Singe, wem Gesang gegeben". Oder, mit Ice T gesagt: „Don't hate the player, hate the game!" Mein Krieg ist an dieser Stelle vorbei.

Nostra „Scratchy" Damus
Pop-Prophezeiungen

Die vier Jahrhunderte lang verschollen geglaubten drei- bis sechszeiligen Weissagungen des großen Arztes und Astrologen

I.
Es wird einer kommen, die Hüfte schwingend,
blauschwarzes Haupthaar tragend, elend singend.
Kuchenverschlingend, mit seinem Gewichte ringend,
Arzneimittelfressend die letzten Tage verbringend,
wird er gehen. Sein Geist aber wird bleiben –
Auch werden viele ihn nach seinem Abgang sehen.

II.
Aus dem schönen Engeland, werden sich erheben,
aus einem Elendsviertel vier Knaben,
Musik nur kennend vom Hörensagen.
Auf deren Köpfe werden sprießen giftige Pilze –
Und sie werden bekannter sein als Jesus der Christus.

III.
Und es wird ein Neger sein, der quietscht.
Der wechselt die Farbe von schwarz zu bleich.
Das Quietschen aber, macht ihn reich.
Auch wird er zu Kindern und Tieren gehen ...
Brüder und Schwestern! Ihr werdet schon sehen!

IV.
Dann, eines Tages, auf deutschem Boden wird
ein schöner alter Mann strecken aus dem Fenster
sein Antlitz – *Hossa* ...

übersetzt von
Jean-Luc Dadache

Frank Ilschner
The making of Blümchen

*Spät erklingt, was früh erklang,
Glück und Unglück wird Gesang.*
Johann Wolfgang von Goethe

Die Musikindustrie hat aus Kunst ein Produkt gemacht. Kunst kann man nicht kopieren, ein Produkt schon. Stellen Sie sich vor, Sie hätten eine ganze Generation als potenzielle Konsumenten geschenkt bekommen. Als Startkapital für eine Unternehmensgründung. Ich gebe zu, ein recht ungewohntes Existenzgründungsdarlehen. Aber es ist so eines dieser staatlichen Förderprojekte, um die Wirtschaft durch die Steigerung des Binnenabsatzes anzukurbeln. Keine Angst, es geht hier nicht um schwierige ökonomische Zusammenhänge. Es geht nach wie vor um Musik, jenem Hybriden aus den oben erwähnten Eckpfeilern der westlichen Kultur, aus Kunst und Produkt.

Aber zurück zum staatlichen Förderprojekt. Gefördert wird der Medienkonsum. Bestand er in den 1960er Jahren noch aus drei TV-Sendern, Kino und Radio als Werbeträgern und Vinylplatten und Tonbändern als einziger Konservierungsmöglichkeit, die in den 1970er Jahren durch die Audiokassette erweitert wurde, so wurde der Medienkonsum doch schlagartig gegen Ende der 1980er Jahre durch den hochwertigeren Tonträger CD und die Einführung der Privatsender nach amerikanischem Vorbild gefördert. Der überwiegend visuell geführte Großangriff auf die Meinungsbildung homogenisierte eine ganze Generation von Musikhörern. Die neu entstandene zwangsfusionierte Zielgruppe bekam auch ein Label aufgeklebt: Mainstream.

Sie sind ein Existenzgründer? Sie wollen was hochziehen? In der Musikbranche? Sie brauchen ein Darlehen, ein Startkapital? Hier ist es: Ihre ganz persönliche Generation von Mainstreamkonsumenten. Machen Sie was daraus. Vermehren Sie Ihr Startkapital. Tragen Sie etwas zum wirtschaftlichen und zu ihrem eigenen finanziellen Aufschwung bei. Ein weites Feld, ein ungesäter Acker liegt vor Ihnen. Der Ertrag hängt von Ihren Bemühungen ab. Lassen Sie es blühen und zu einem florierenden Geschäft werden!

Achtung: Stichwort!

Erstmal braucht das Kind einen Namen: *Blümchen*! Verniedlichungsform des mannigfaltigen Symbolträgers *Blume*. Ein Sammelbegriff für Romantik, Liebe, Unschuld, Jugend und andere instabile Zustände. „Sah ein Knab ein Röslein stehn." Taufrisch klingt das alte Lied. Ein prima Verkaufsetikett. Zeitloses Pop-Produkt. Ach, da ist ja schon wieder der grässlich entlarvende Begriff *Produkt*. Nein, so geht das nicht. Das muss natürlicher, gewachsener klingen. Da brauchen wir schnell eine Geschichte zum Namen. Wie wäre es, wenn wir sagen, der Name sei schon immer da gewesen? Das würde dann im Interview, dem Verkaufsgespräch der Musikbranche, etwa so klingen: „...also meine Mutter Marija hat mich schon immer so genannt, weil ich..." oder „...das war mein Kosename, als ich noch ein Kleinkind war". Wunderbar, diese in den Starrummel herübergerettete Kindlichkeit. Damit kann man sich identifizieren, sein Jungsein reflektieren oder sich daran zurückerinnern.

Identifikation ist die wichtigste Eigenschaft, die unser Produkt braucht. Mehr noch als Talent. Talent ist wichtig, in jedem Fall. Das Blümchen muss auch ein wenig tanzen und auch einigermaßen singen können. Aber unsere Zielgruppe ist nun mal im Lebensabschnitt der Identifikationssuche. Ob wir das ausnutzen? Nein. Im Gegenteil, wir üben ja keinen schlechten Einfluss aus. Wir haben doch ein Vorbild reinsten Wassers geschaffen.

Unser Vorbild setzt sich aus drei Teilen zusammen. Um die unbedingte und absolute Identifikation zu erreichen, muss das Blümchen als erstes mit der anvisierten Käuferschicht gleichgestellt werden. „Sie ist eine von uns", soll es heißen. Blümchen soll die gleichen Probleme kennen, wie der Fan. Dessen Weltbild und Identitätsausprägung wird gerade von der Suche nach wahrer Liebe und erotischer Erfahrung geprägt. Unser Produkt soll also wahre Liebe verkörpern, soll erotisch sein. Wir geben dem Blümchen, neben einem gängigen, immer wieder reproduzierbaren chartkompatiblen Mainstream-Rave-Sound, also am besten Worte über Liebe, Liebeskummer, Verliebtsein, Schwärmen, Sehnsucht, Romantik und damit verwandte Themen in den Mund. Eine medial suggerierte und leicht steuerbare Minimalkommunikation, die selbst durch Lautsprechermembranen semipermeabel erscheint und für den Fan auf die leicht verdauliche Formel „Herz an Herz" gebracht wird, den Titel der ersten Single.

> *„Alle Anstrengung der Industrie zielt darauf, ein möglichst lückenloses Netz von Unterhaltung, Zerstreuung und Ablenkung über die Menschheit zu spannen, damit niemand mehr mit sich allein ist."*
> Heiner Müller

Um diese nun verbal hervorragend eingerichtete Identifikationsplattform zu erweitern, nehmen wir visuelle Merkmale hinzu. Blümchen bekommt ein adäquates *Quietschie-Outfit. Slightly overdressed*, der gute anglophile und derzeit hippe Ton der Medienwelt. Auch etwas überschminkt darf es sein, das macht man in dem Alter so, das wirkt auch auf ältere Herren erotisierend, was unsere Käuferschicht ungemein vergrößert. Auf der Bühne kann dann während eines Auftrittes das Outfit gewechselt werden. Den Fans soll ja schließlich live mehr als nur der konservierte Sound geboten werden. Sie sieht aus wie wir, sie trägt die gleichen Klamotten wie wir, sie singt und spricht über die gleichen Dinge, die uns auch bewegen... Hurra, dem Volk ist ein Blümchen entsprungen.

Um diesen Eindruck zu manifestieren, brauchen wir auch wieder eine passende Geschichte, nämlich die wundersame Geschichte über die Entdeckung des neuen Medienstars. Ein rauschendes Fest, eine angesagte Party, eine kleine Performance unseres natürlichen und temperamentvoll aufstrebenden Blümchens, ein bis zwei Trendspürnasen und den großen, leider Gottes nicht immer allgegenwärtigen Paten Zufall. Ein Tellerwäschertraum. Der Stoff aus dem Hollywoods größte Kassenschlager entstanden sind. Die perfekte Inszenierung auf einer perfekt *unperfekt* ausgestatteten Bühne, das Checkers aus der Claudia-Schiffer-Saga, inklusive Lagerfeld-Pendant mit einem scharfen und geschulten Blick für das wirklich Wesentliche im Leben. Ein trüffelschweinartiger Spürsinn, der gestandene Leute wie Kolumbus zum Entdecker zweiter Klasse macht. Das alles könnte sich später auf der Homepage etwa so anhören: „Die beiden Hamburger Produzenten (Stani „Silence" Djukanovic und Arn „Paralyzer" Schlürmann) hatten Jasmin bei einer Neue-Deutsche-Welle-Party in der Hansestadt kennengelernt und waren sofort von ihrer Natürlichkeit und ihrem Temperament eingenommen" (http://www.bluemchen.de).

Da sind wir schon beim zweiten wichtigen Teil, aus dem sich unser Vorbild zusammensetzt. Die Gleichstellung mit ihrem Zielpublikum dient der Identifikation, aber um ein Vorbild, ein Star zu sein, muss man sich auch abheben von der konsumierenden Masse. Auf besonders herausragende künstlerische Fähigkeiten können wir hier leider nicht zurückgreifen, weder auf kompositorischem Gebiet noch aufgrund einer überragenden Vokalleistung. Dennoch, wir haben das unverschämte Glück, unser Produkt in einer über alle Maßen visuell geprägten Medienwelt anbieten zu können. In der Medienwelt der 1970er Jahre wäre dies ungleich schwieriger gewesen. Besinnen wir uns also auf die uns zur Verfügung stehenden Ressourcen: Blümchen sieht gut aus. Blümchen kann sich darstellen und in Szene setzen. Blümchen ist eine gute Besetzung für die Rolle des coolen, agilen und überlegenen Medienstars. So natürlich sie auch scheint, hat sie doch ein etwas hübscheres Gesicht als das Girl aus dem Publikum, eine etwas bessere Figur, eine etwas souveränere Art, sich zu vermitteln in ihren Texten und in den zahlreichen Interviews. Macht sie doch ihrer Rolle als Vorbild alle Ehre in ab- und aufgeklärten Statements zu Liebe, Pubertät oder Drogenkonsum. Auch ihr Outfit ist irgendwie eine Spur cooler als das ihrer Fans. Das ist gut so, so wollen wir unser Produkt vermitteln, so wollen die Fans ihren Star sehen.

Noch einmal reflektiert, stellt sich nun die Frage, ob sich das Blümchen als Girl von nebenan und das Blümchen als bewunderte Medien-Ikone nicht widersprechen. In einer Zeit von überdimensionaler und hyperrealer Identitätsaufwertung kleiner Leute durch Talkshows und Reality Soaps, in der scheinbar jeder zu seinen 15 Minuten Berühmtheit gelangt, ist jedoch die Grenze zwischen Otto-Normal-Verbraucher und Besitzer des „Bravo Ottos" längst verwischt. Der am liebsten bewunderte Star des Fernsehens der 1990er Jahre enstpringt unmittelbar dem Volk, wohnt nebenan und spricht unsere Sprache. Wir haben ihn schon vorher gekannt, aber das Fernsehen macht uns erst bewusst, dass er oder sie ja etwas ganz Besonderes ist. Das Fernsehen spricht den Normalbürger heilig. Eine Tatsache, die wir uns zunutze machen sollten.

Unser gerade frisch aus der Vorstadt-Krippe gehobenes Blümchen hat die Medientaufe durch einen Chartplatz mit Bravour bestanden. Sie ist zu jenem transzendentalen Zelluloid-Engel geworden, auf dessen weißen Flügeln sich längst verloren gegangene Tugenden projizieren lassen wie Kindlichkeit, Natürlichkeit, Aufrichtigkeit und die durch nichts zu ersetzende Unschuld. Unschuld ist die beste Eigenschaft, die ein Vorbild haben kann. Gleichzeitig ist Unschuld jedem Menschen mit in die Wiege gelegt worden. Unschuld hat einen nicht anfechtbaren Absolutheitsanspruch, solange sie währt.

Management-Bericht

Hier erblickt nun der mediengläubige Betrachter das moderne Pop-Triptychon. Er erbaut sich an der fragilen Unschuld des jungen Mädchens, auf gleicher Höhe blickt er der anmutigen Frau in die Augen und wie ein Kind in ihren Armen sieht er zur vorbildlichen Mutterfigur auf. Er spürt tiefe Religiosität, er findet sich selbst wieder, er findet sein Vorbild. Von jeglichem Irrglauben geläutert und spirituell erbaut, schaltet er den Fernseher aus, klappt er die *Bravo* zu und tut, was richtig ist. Er spendet sein Geld in den Klingelbeutel des CD-Händlers, trägt als Symbol seiner Religionszugehörigkeit das passende Fan-T-Shirt und besucht regelmäßig die Gemeinschaftszusammenkünfte, auf denen er die Lobpreisungen an die Liebe und die Unschuld mitsingt. Wo sich zwei in Blümchens Namen versammeln, wird sie medial mit ihnen sein. Im Namen des Produzenten, des Stars und der Fernsehanstalten. Amen.

Boulevard-
Heilige

Gerd Dembowski
Warhols Rache
Gezindlert und Gemoshammert

> *„Warhols Rache? – Das ist die Ausdehnung*
> *der berühmten 15 Minuten auf 24 Stunden."*
> Jean-Luc Dadache

Die Klatsch- und Lifestylespalten der Boulevardblätter blieben keine Domäne der Restaristokraten. Schauspieler, Starletts, Designer und Jet-Setter tauchten auf und beseelten den Alltagsklatsch über sämtliche Erträglichkeitsgrenzen hinweg mit ihrem Gelaber.

Bei den einen ist es Eitelkeit und andere wollen aus geschäftlichen Gründen im Gespräch bleiben. Wieder andere zeigen exhibitionistisch, dass es sie noch gibt und entfliehen so für einen Bericht lang der neuen Einsamkeit im Kommunikationszeitalter. So war es möglich, dass sich zum geadelten Schnellbootrennen vor der Küste von St. Tropez oder den unscharfen Fotos von Prinzessin Stephanies Busen irgendwann auch der Maschendrahtzaun im sächsischen Auerbach gesellen konnte. Besitzerin Regina Zindler gelang es – zunächst wider Willen – den Streitpunkt Knallerbsenstrauch zu vertreiben und die Reality-TV-Schwaller anzulocken. Ein Sturm bürgerlicher Macken auf die Bastille des High-Society-Exhibitionismus? Warhols Rache?

Es folgte eine neues Kapitel im Blenderklatsch für die klatschend Geblendeten. Nicht mehr nur zur Quelle von Lourdes oder der Klagemauer, sondern auch zu Auerbachs Maschendrahtzaun pilgerten anno 2000 die Menschen, um ihre eigene Spießigkeit zu feiern und konsumistisch geschult ihr Souvenir abzusahnen. Die spaßgeschädigten Knalltüten reisten eben nicht zum umzäunten Domizil von Helmut Kohl, um ihm wegen der Spendenaffäre seinen Saumagen zu amputieren. Sie ließen sich vom Spaßgoebbels Stefan Raab zum Maschendrahtzaun geleiten, unterwarfen sich der seelenlosen Sklaverei und lachten über eine Begriffsstutzige, die keine Rolle spielte, aber wenigstens noch dümmer rüberkam als man selbst. „Haut ab, ihr Gehottlich-Zeug," zischte Zindler die Spaßtouristen an und passte mit ihren garstigen Attacken so ganz in die kleinbürgerliche Gartenidylle, die sich auch in den eingezäunten Hirnen der Beklatschenden aufzubauen schien.

Zindlers Zaunfehde ist da nur ein überhöhtes Beispiel für typisch deutsche Nachbarstreitigkeiten über zu nah an der Grundstücksgrenze gepflanzte Hecken und böse Bäume, die Nachbars Garageneinfahrt mit Laub übersäen. Hier zeigt sich der letzte Rest Feierabend-Rebellentum, der den familienbesitzenden Hausabzahlern noch innewohnt: im Denunzieren und Nachbar-Terror. Besoffen auf der Grillparty beim Straßenfest findet man dann wieder zueinander, weil doch eigentlich beide Seiten derselben Meinung sind, dass Obdachlose gefälligst arbeiten gehen sollen, Arbeitslose doch Arbeit finden, wenn sie nur richtig suchen und die Ausländer doch alle nur unser Geld und deutsche Frauen wollen.

The Spirit of Zindler ist natürlich die eine Seite des grenzenlosen Boulevard-Spektakels, die perfekte Kombination von solcher Volksnähe und adligem Gestus die andere. Um diese explosive Mischung zu garantieren, trat ein neu kodiertes *M & M* auf den Klatschspaltenplan, perfekt geklont aus *M*arilyn *M*onroe und *M*arilyn *M*anson zum *M*ünchener „*M*odezar". Rudolph Moshammer präsentiert seine Hochwohlgeborenheit nicht nur durch seine postbarocke Dauerwelle, sondern auch durch seine seelische Verwandtschaft zum Märchenkönig Ludwig II. Er hat sie, die chirurgisch anmontierten Riesentitten unter den Frisuren. Mosi wird oft belächelt, aber nicht verlacht. Denn er ist einer von ihnen,

> „Diese ganze Konsum- und Unterhaltungsmaschinerie hat doch den Zweck, dass niemand mehr Zeit haben soll, auch nur eine Sekunde lang an sein eigenes Ende zu denken."
>
> Heiner Müller

der wie Aschenbrödel den steinigen Weg aus dunklen Kellern in den Münchener Jet Set oder die Qualifikationsrunde zum *Grand Prix d'Eurovision de la Chanson* kennt. Nur, dass er eben keine böswillige Stiefmutter hatte, sondern „die beste Mama der Welt", der er auch 1995 selbstlos seine Autobiografie *Mama und ich* widmete. Mittlerweile ist Mama Else tot und steht im düsteren Keller des Kleidergeschäftes in der Münchener Maximilianstraße, ausgestopft von Rudolph „Psycho" Moshammer, der verkleidet als Mama mit blutigem Schneidermesser alle Konkurrentinnen in die Flucht schlägt, die dem Sohnemann an die toupierte Tolle wollen. Eine infantile Spinnerei? Keinesfalls, denn wer kann sich Mosi nicht im Kleid der Mutter vorstellen, die Perücke trägt er ja durchweg, als hätte er vergessen, sie nach einem Meuchelmord abzubauen. Anzeichen für pathologische Befunde gibt es genug. In der literarischen Nötigung *Ich, Daisy. Bekenntnisse einer Hundedame* lässt Moshammer seine Hündin für sich sprechen und beweist höchst schizoide Züge. Auch wie Mosi Bates all die Leichen verschwinden lässt, offenbart die multiple Nähmaschine in seinem Buch *Elegant kochen ohne Schnickschnack. Zurück zum Wesentlichen*.

Marvin Chlada
Jenny Elvers Busenstar
Eine Liebeserkärung

> *„Abwechslung ist ein Zeichen von intellektueller Neugier."*
> Jenny Elvers

> *„Ich habe mir ja nie etwas dabei gedacht, dass Jenny nach dem Oral-Sex immer im Bad verschwunden ist."*
> Alex Jolig

Die bezaubernde Jenny

Ach, Jenny! Was hat Dich bloß so ruiniert? Die Medien, was sonst! Leider, leider! Ach! Grausam sind die Medien. Grausam ist der Mensch. Dabei hatte alles so gut angefangen für Dich und Deine Karriere, lief alles so, wie Du es wolltest. „Irgendwann habe ich gemerkt, wie leicht man die Medien für sich arbeiten lassen kann", sagst Du heute desillusioniert, „inzwischen hasse ich es aber, immer nur die supersexy Blondine zu spielen." Ja, Jenny! Das Medienkarussell ist kein Spiel. Da muss man sehr schnell kotzen. Guck Dich an, Jenny! Was sie Dir angetan haben, diese Medienfritzen. Gequält haben sie Dich, in all Deine Körperöffnungen Kabel und Kameras gestopft um 3-D-Bilder Deines ungeborenen Kindes zu knipsen – nur um Dir hinterher vorzuwerfen, Dein Kind vermarktet, ja, ein kleines, unschuldiges Leben Deinem Narzissmus geopfert zu haben. Arme Jenny, Kind der Lüneburger Heide!

Immer sollst Du schuld sein, nur Du. Am schlaflosen Lauterbach zum Beispiel, am Untergang des Abendlandes oder an Deiner gescheiterten Liebe zu Alex. Und das, obwohl das Luder Alex Dich hat sitzen lassen und nicht etwa umgekehrt. So ist das Leben, Jenny! „Es gibt", sagt der große deutsche Soziologe Niklas Luhmann, „keinen Grund für die Liebe." Und: „Wenn eine Frau liebt, sagt man, liebt sie immer. Ein Mann hat zwischendurch zu tun." Wie recht er hat, der Niklas! Er muss es wissen. Auch er ist ein Kind der Lüneburger Heide. Ein Geistes-, wenn nicht Blutsverwandter!

Jenny und der Marschall

Da standst Du nun, Jenny! Gedemütigt und geschwängert, einsam und verlassen. Schande über das Böse aus dem Container, Jenny! Pech und Schwefel über eine Welt, die Dir so übel mitspielt und Deine bezaubernden Augen in Wasserfälle verwandelt!

Denn wir alle (außer dem joligen Alex) lieben Dich! Wir alle huldigen der „Liebe als Passion" (Luhmann), der Liebe zu Dir! Wir alle wollen Dein Bestes! Wir alle haben uns mit Dir gefreut, als Harald Schmidt Dich im Juli 2000 zum „Liebling des Monats" kürte. Und jetzt ein Kind! O Freude Jenny! Du bist Mama! Mama mia! Wir alle haben an Dich gedacht, an Dich geglaubt, haben Dir bis zur Nachgeburt die Daumen gedrückt! Drum: Denk' an die schönen Dinge im medialen Leben, Jenny! Sei tapfer! Aufrecht scheißt der Bauer in die Hosen! Du schaffst das, Jenny! Alleinerziehend oder nicht. Wer, wenn nicht Du? Mit Deinem blonden, bezaubernden Haar, Deinem bezaubernden Lächeln, Deiner bezaubernden Stimme, Deinem bezaubernden Arsch, Deiner bezaubernden Intelligenz und Deinem satanischen Busen. „Manchmal", sagst Du, „ist mir mein Busen natürlich im Weg." Hoppla, Jenny! Autsch! Sprich doch nicht so über diesen naturgeformten Wunderhumpen, für den der *Playboy* eine ganze Stange Bimbes hat stehen lassen. Zu Recht, sagen wir! Und Du sagst das auch: „Das Verhältnis zu meinem Körper ist sehr intensiv. Und ich finde: Mein Busen war noch nie so schön wie jetzt." Na also, Jenny! Geht doch alles seinen kapitalistisch' Gang. Alles blüht, alles wird gut.

Die diebische Jenny

Denkste, Jenny! Nix wird gut! Es riecht nach Verschwörung. Nach Intrige. Alles Schweine, Jenny! Dein Ex-Lover, das Luder, weiß gleichfalls die Medien für sich arbeiten zu lassen! Scheiße, Jenny! Hast Du das gelesen? Hast Du gelesen, was Du getan haben sollst? Des Diebstahls beschuldigt man Dich! Jenny, nein! Wie gemein! Das tut weh, Jenny! „Samen-Raub!" war in der *Bild* am 19.1.2001 zu lesen. Wir dachten: Armer Boris! Aber dann rieben wir uns die bildungsmüden Augen: „Jetzt verdächtigt 'Container-Alex' Jolig (38) seine schwangere Ex-Freundin Jenny Elvers (27) als Sperma-Diebin." Erst macht der Container-Playboy einen auf unfruchtbar, dann präsentiert er uns unglaubliche Rechenübungen zur Länge einer Schwangerschaft (*Bunte* 48/2000) und jetzt sowas! Er sagt, er sei davon ausgegangen, dass Du verhütest. Auch hätte er „zusätzlich aufgepasst". Doppelt hält besser. Er vermutet, dass Du nach der Fellatio mit seinem guten Samen im Mund ins Bad gerannt bist, wo Du ihn Dir dann unbeobachtet zwischen die Beine hättest schmieren können. „Eine erwachsene Frau", sagt Alex, „die nicht schwanger werden will, wird auch nicht schwanger." Also: Samen-Raub.
Nein, Jenny! Den Vorwurf eine Sperma-Diebin zu sein, muss sich ein rechtschaffenes schwangeres Weib nicht gefallen lassen! Und

Das abenteuerliche Leben der Jenny Elvers aus der Feder des genialen Jack Slade.

Du schon gar nicht. Nicht von einem, der aus dem Container kam. Schließlich bist Du nicht irgendwer! Sondern Jenny Elvers, die Krönung des 2500-Seelen-Dorfes Amelinghausen bei Lüneburg, das 1990 zur „41. Heidekönigin" gekrönte Superweib, begnadete Sängerin und Schauspielerin, Lauterbachs Ex-Frau, „Lust-Astrologin", *Big Brother*-Begleiterin, eine alte Bekannte von Farin Urlaub, Thomas D., Udo Jürgens, Vicco von Bülow und anderen Größen der Spaßgesellschaft und – nicht zu vergessen – Moderatorin von *Top Of The Pops* und anderer schöner Familienshows! Selbst eine japanische „Barbie"-Puppe trägt Deinen Namen! Nein, Jenny! Du musst Dir das wirklich nicht bieten lassen. Gut, nicht jede Frau, und sei sie noch so blond, würde ihre erste Single *Blond & Stupid* nennen – aber keine andere wohlproportionierte Blondine hätte in Detlef Bucks *Männerpension* (1994) neben Heike Makatsch besser ausgesehen als Du. Keine andere Frau sonst hätte beim Gang durch den Knast so lässig und frech ihren Bär vor laufender Kamera präsentieren können. Überhaupt: Dein Gang! Bezaubernd! Neben Dir verpufft ein Trampel à la Veronica Ferres samt ihrem *e.on* wie ein Vampir in der Sonne.

Ist es da angebracht, *Ich verzeih' Dir* zu singen? O Jenny! Das hätten wir nicht von Dir erwartet! Klar, Musik ist neben der Schauspielerei Deine Leidenschaft! Aber es gibt nichts zu verzeihen, Jenny! Und wolltest Du nicht etwas „richtig rockiges" zum Besten geben, etwas, bei dem Du „richtig mal wieder abbangen" kannst? Warum also sülzt Du von Verzeihung! Was soll das, Jenny? Da wäre es doch besser gewesen, wir beide, Du und ich, hätten zusammen *The Passenger* gesungen. Mit Michael Monroe am Saxophon. Wir können's ja nachholen. Aber so, liebe Jenny, wirst Du den Alex nie und nimmer los. Arme Jenny! Love is a battlefield und Du eine kleine Soldatin auf offenem Felde.

Die systemtheoretische Jenny

Ach, Jenny! Leg den Kopf nicht zwischen die Brüste. Trauer nicht länger um die verlorene Liebe. Scheiß auf die „reale Realität" (Luhmann). Nutze lieber auf Deine charmante Art und Weise weiterhin die „Realität der Massenmedien" (Luhmann)! Geh' ins „House Of Love". Oder besser noch: Bewirb Dich fürs „Girls-Camp"! Dort kannste Dir die Männer bereits vor dem Koitus angucken. Das ist gut, Jenny! Sogar praktisch! Und ganz einfach: Da werden überall in Deutschland „BaggerBoxen" aufgestellt, in denen dumme Männer sich für noch dümmere Mädchen auf Video aufnehmen lassen können. Die „Girls" wählen daraus im „BoyWatch" ihren „Boy Of The Week". Der Junge der Woche wird ins Mädchenlager eingeflogen, um dort in der gesonderten „BoyZone" drei Nächte zu verbringen. Er versucht, seine Favoritin mit allen zur Verfügung stehenden Mitteln der Verführungskunst aus dem Lager zu locken, indem er ihr die brisante „LoveOut"-Frage stellt: „Du, ficken?" Für Abwechslung im Bagger-Stress sorgt die „GirlsMission", deren Lösung eine Belohnung (sog. „Girls-Reward") nach sich zieht. Jenny, da kannst Du doch nur gewinnen! Du weißt doch, wie man sich die Männer angelt und wie mit ihnen umzugehen ist. Du selbst hast gesagt: „Männer wollen gelockt und wieder weggeschubst werden. Das beste Mittel gegen Liebes-Langeweile: Zuckerbrot und Peitsche."

Und was für Männer gut ist, ist für die Medien gerade recht! Zeig's ihnen, Jenny! Du weißt doch, wie das geht. Denk' an Deine gefälschten Paparazzi-Fotos, die für frischen Wind in der Medienlandschaft sorgten! Klasse war das! TV total! Das ist Deine Form der Medienguerilla! Auf Jenny, trage den Geist der Lüneburger Heide in die Welt hinaus! So wie Niklas Luhmann, der nicht in *Konkret*, sondern in der *Zeitung für Deutschland* seine „Anregungen zu einem Nachruf auf die Bundesrepublik" (*FAZ*, 22.8.1990) publizierte. Folge seinem Beispiel, Jenny! Sei Du das von Luhmann erdachte „trojanische Pferd" für die Massenmedien. Dann wird alles gut! Richtig gut! Versucht hast Du es ja schon öfter! Du bist auf dem richtigen Weg, Jenny! Ganz groß war Deine Aktion, über die *Bild am Sonntag* am 7. Januar 2001 berichtete: „Wie schlau sind Prominente?", wollte das Boulevard-Blatt wissen und setzte den Stars Fragen vor die Nase, die in der Regel der olle Jauch seinen Kandidaten in *Wer wird Millionär?* zu stellen pflegt.

Und was machst Du? Na? Du, die schwangeren Leibes noch einmal *Top Of The Pops* moderierte, antwortest auf die Frage:

Wer gehört nicht zu den Beach Boys?
a) Brian Wilson
b) Carl Wilson
c) Harold Wilson
d) Dennis Wilson

mit a) Brian Wilson. Das war Pop! Das war ganz groß, Jenny. Das war echte Kunst! Wie sagtest Du einst: „Ich wähle den Regisseur Schlingensief und seine Partei Chance 2000. Er denkt so verquer wie ich – und neue Menschen braucht das Land." Wer Dich anguckt, Jenny, der weiß, was das bedeutet.

Joerg Zappo Zboralski
Nach Hause telefonieren ...
Aliens und Eskapismus

Du hast 1997 in Düsseldorf die „ufologische" Ausstellung „Area 51" mit gesampleten Bildinstallationen gemacht. Eine Reaktion auf den Alienboom mit seiner Etablierung zur Marke, der Überschwemmung von TV-Serien, zwielichtigen Reportagen...? Wie beurteilst Du das Alienbild, das Ende der 1990er transportiert und installiert wurde?

Ich beschäftige mich mit extraterrestrischen Phänomenen in der bildenden Kunst seit Ende der 1980er Jahre und hatte damals noch Schwierigkeiten in Deutschland an Text- und Bildmaterial zu gelangen. Es existierten nur ein verschlagener Verlag in Wiesbaden, der etwas hergab, mit Veröffentlichungen bis 1976 und die *Ufo-Nachrichten*, ebenfalls von ihnen herausgebracht. Dagegen gab es in Amerika über Indie-Mailorder haufenweise Material. In Deutschland änderte sich das dann Mitte/Ende der 1990er mit Blick auf den Jahrtausendwechsel, allerdings auch eher als Import aus den Vereinigten Staaten. Ich steckte also zwangsläufig mit drin. Somit war meine Arbeit keine direkte Reaktion auf den Alienboom. Alienmotive wurden bis dahin mit Vorliebe im Underground bzw. in Szenen verwendet. Skater, Freaks, Punks und vor allem schwarze Musiker, die sich als Außerirdische in dieser Gesellschaft verstanden und die Plätze jenseits des Mainstreams besetzten. Aliens als Metapher für das andere. Dazu kommt das Spiel mit der außerirdischen Bedrohung des vorherrschenden Wertesystems. Die Minderheit bzw. der anders Denkende als extraterrestrische Macht gegen den Staat. Die von Dir angesprochene kommerzielle Variante hat dann ein neues Bild geschaffen – zwar bleibt die Bedrohung durch unseren schönen Kapitalismus, allerdings mehr durch das Fortbleiben „echter", greifbarer Feinde. Insofern profitiert der kalte Krieger, die Rüstungs- und Unterhaltungsindustrie. Dazu kommt: Das Heil in der Zukunft sehen. Gerade die Amerikaner als Volk ohne Geschichte taugen zur Rezeption des Ufo-Kults. Es kommt nicht von ungefähr, dass der Hamburger wie ein Ufo aussieht, eine US-Hostie. Nicht der Leib Christi, sondern das Transportmittel in eine andere Welt wird verspeist. Also ein ideologiefreies, antimaterialistisches Bild wird gepflegt. No revolution, no ewiges Leben – space is the holy place...

Auch Heiner Müller hat einmal das Bild des Hamburgers gewählt. Bei ihm schaut das allerdings etwas anders aus: „Die Amerikaner haben keine geschichtlichen Bindungen, keine Traditionen, keine Toten, die sie befreien müssen. Deshalb suchen sie das Heil in der Zukunft und sehen andauernd Ufos. Die Attraktivität des Hamburgers ergibt sich aus der Analogie zum Ufo. Er ist völlig steril. Er ist essbare Zukunft." Aber wie sind Deine Ausstellungsideen in diesem Kontext zu verstehen?

Um es mit Polke zu sagen: höhere Wesen befehlen mir... Da muss ich nicht das Künstlergenie sein. Ich beweise meinen Kollegen nur, auch von Außerirdischen geleitet worden zu sein. Liest man Berichte von Menschen, die Aliens getroffen haben wollen, beschreiben sie diese z. B. irgendwie auch gleichermaßen als Lehmbruck-Skulpturen, achte mal drauf. Und hat Wilhelm Lehmbruck nicht Selbstmord begangen? Der wusste hundertprozentig mehr. Robert Smithson ist bei der Betrachtung eines seiner Werke mit dem Flugzeug abgestürzt. Betrachtet man seine Arbeiten, wird klar, dass er zu viel wusste...

Was genau begeistert die Menschen an Aliens in den Medien?

Adamski war einer der ersten berühmten „Ufo-Forscher". Er behauptete von drei dickbrüstigen Blondinen in silbernen Anzügen zur Venus entführt worden zu sein. Das „begeistert" natürlich und schafft eine Form von vorgetäuscht produktiver Unsicherheit in der postmodernen Langeweile. Oder Marilyn Monroe sei Opfer von J.F. (The Zipper) K. geworden – er soll nach dem Beischlaf Ufo-Geheimnisse ausgeplaudert haben. So wäre sie ein Sicherheitsrisiko gewesen und musste dran glauben... Andere Entführte sprechen von Lustflügen durchs All, bei denen ihnen u. a. der Fußabdruck von Armstrong auf dem Mond vorgeführt worden sei... Es gibt Hunderte von ähnlich „begeisternden" Geschichten. Das macht natürlich „Spaß", wenn die Grenzen verwischen. Fiction/nonfiction oder site/nonsite rules.

Hat das was mit der Bebilderung des Neuen zu tun, ist es eine postmoderne Form des Archaischen als postmoderne Mythologie? Ist Roswell der neue „Stern von Bethlehem"? Siehst Du eine (ersatz-)religiöse oder esoterische Dimension in der Forcierung des öffentlichen Alienbildes?

Die Überreste des abgestürzten Ufos und die Alienleichen von Roswell sollen ja bekanntlich zur *Area 51* geschafft worden sein. Sie gilt als streng bewachte Militärbasis in New Mexico, die gleichzeitig das Mekka und somit Pilgerstätte für sog. Ufoforscher und -gläubige auf der ganzen Welt geworden ist. Man spricht von „Gläubigen", also assoziiert schon der Begriff etwas Religiöses. *Area 51* als Museum und heiliger Ort sei angeblich der Platz, an dem alle Beweise für die Existenz von außerirdischem Leben aufbewahrt und analysiert werden. Die Erkenntnisse sollen hauptsächlich zur Entwicklung von Waffentechnologie gebraucht werden. Der Tarnkappenbomber z. B. soll ein Ergebnis dieser Untersuchungen sein. Um Roswell und *Area 51* ranken sich dutzende Verschwörungstheorien, die sich hervorragend zur Sektengründung eignen. Vom Weltuntergang bis zur Erlösung ist da alles drin. Die „Ufoforschung" geht ja sowieso davon aus, dass der Stern von Bethlehem ein unknown flying object und die ganzen Engel die so erschienenen Aliens waren.

Betrachet man boulevardistische Phänomene wie Regina Zindler, Zlatko, Moshammer oder andere Gestalten, könnte man eine alte

Science-Fiction-Weisheit abstrahieren und denken: die Aliens sind längst unter uns. Sind sie bereits hier und wozu verleiten sie uns?

Die von dir angeführten, neuen Heiligen – wie Du sie nennst – sind sehr, sehr irdisch. Sie taugen ausschließlich dazu, damit das Fernsehen beweisen kann, der eigentliche Star zu sein. Okay, sie sind nebenher außerirdisch, aber dann auch wieder gewöhnlich. In all ihrer Schwammigkeit genügen sie, um der „Fernsehnation" das Gefühl von Überlegenheit zu geben. Schadenfreude und Witze auf Kosten anderer de luxe. Das „alien nation"-Prinzip funktioniert nicht mehr so gut. Ich würde das lieber umdrehen und eine Alien-Elite etablieren.

Also eine Alien-RAF? Kommst Du Dir als Prophet der Alien-Elite in Deiner Umgebung manchmal verloren vor? Wie reagierst Du z. B. auf all die Plastik-Konsumtempel & Massenkulturphänomene? Wie gehst du mit der Matrix um?

Wie schon gerade erwähnt, stelle ich mir eine Kaderschmiede vor. Eine wissende, schlagkräftige, subversive Dissidentengruppe, die dem herrschenden System das Fürchten lehrt... Ansonsten komme mir weder verloren, noch überhaupt vor. Ich möchte Teil einer extraterrestrischen Linksbewegung sein: „Erklärung des Agent Provocatör zum Extreme Fun: zu allem bereit / eine Granate zur rechten Zeit" (Agentenkollektiv). Don't believe the hype, der Kampf geht weiter.

Die Fragen stellte Gerd Dembowski.

Marvin Chlada
Die perverse Prinzessin
Das wahre Sexualleben der Lady Di

Dass über das wahre Sexualleben der "St. Diana" (*Neues Deutschland*) wenig bekannt ist, hat einen guten Grund, der bereits einige Jahre zurückliegt: Es handelt sich um die Geschichte des sog. "unbekannten Paparazzo", der an einem frühsommerlichen Morgen im Jahre 1993 einem Journalisten der *Sun* per Telefon mitteilte, er habe die "Heilige" (*Zeit*) gesehen, "nackend und Schweine küssend". Die Story aber war so heiß, dass sie bis heute noch unter dem Teppich liegt, unter den sie damals unter mysteriösen Umständen gekehrt wurde. Wäre nämlich die Geschichte über die perverse "Madonna" (*Spiegel*) just in jener Zeit publik geworden, die sozialen und politischen Folgen dieses Skandals hätten über Jahre hinweg England eine tiefe Krise beschert und, nebenbei, Queen Mum den ersten Herzinfarkt. Bis zu ihrem Tod am 31. August 1997 begnügte sich die Presselandschaft darum mit unfreiwilligen Oben-ohne-Bildchen der "Göttin" (*Süddeutsche Zeitung*), oft verwackelt, aber schick. Auch mit Mutmaßungen über Dianas Seelenleben sowie ihre legendären, wenn auch kleinen, verbalen Ausrutscher war man zufrieden. Nach dem Tod der großen Blonden mit dem "bezaubernden Lächeln" (*Bild*) – sollte man denken – komme die Wahrheit nun endlich zu ihrem Recht. Denkste. Über die Leidenschaften der Lady Di hüllt ein Gros ihrer Liebhaber weiterhin den Mantel des Schweigens, ebenso ihr Biograf Andrew Morton (*Diana – The True Story*), der wider besseren Wissens mit knappen Andeutungen spielt, um seine Leserschaft vorsätzlich in die Irre zu führen.

Sollte man also nicht eher danach fragen, ob eine Prinzessin überhaupt ein Sexualleben hat? Nein, sagen Adelsexperten, denn woher sonst sollen all die königlichen Kinder kommen? Sicher nicht von der Erbse, auf der sich, einem eher unglaubwürdigen Märchen nach, eine Blaublütige nur ungern bettet. Dagegen, wissen die Experten, würden eine ganze Reihe von Indizien sprechen: Verlockende Möpse, spreizwillige Beinchen, knackige Hinterbacken – Körperteile also, welche selbst die gemeine Frau besitzt. Und hatte nicht ein gewisser James Whitaker lange bevor er Fergies Spielchen mit dem „Zehennuckler" (*Bild*) an die Öffentlichkeit zerrte, bereits brisante Einzelheiten vom vorehelichen Techtelmechtel zwischen Charles und Di enthüllt? Im Falle der Princess of Wales spiele zudem die Tatsache eine Rolle, dass das Blut ihrer Ahnen keineswegs blau, sondern mit einer Wahrscheinlichkeit von 96% rot gewesen ist. Wir können also von einer gewissen sexuellen Aktivität der Lady Di ausgehen. Von welcher Qualität aber war diese Aktivität? War sie so langweilig und banal wie die Gesichter der königlichen Hauptdarsteller? Oder so öde und leer wie die Affären der Lady Di in der Diana-Biografie des Andrew Morton, dessen Wälzer bis heute als Standardwerk gehandelt wird? Mag sein.

Jenseits der offiziellen Hofberichterstattung freilich, brodelt die Gerüchteküche. In den Gassen und Gossen der Welt erzählen Menschen Geschichten über Dianas wildes Treiben, das selbst dem Marquis de Sade ein erstauntes Lächeln auf die alten Backen gezaubert hätte. So behauptet beispielsweise ein reiferer Franzose frech von der Leber weg, die „wahre Königin" und „Leitfigur" (*Frankfurter Allgemeine*) hätte in einem Pariser Vergnügungsviertel als Domina gearbeitet. Stolz entblößt er seinen vernarbten Rücken: „Das war sie ...", flüstert er entzückt, bis über beide Ohren strahlend. Domina Diana? Wer soll, wer will das glauben? Der ältere Herr verkauft Fotos, auf denen er u. a. von hinten zu sehen ist. „Die Narben zahlen sich aus." Kurz: Er lebt nicht schlecht davon. Ein weiteres Foto zeigt die Domina peitscheschwingend durch eine Natursekt-Orgie stampfend. Im Hintergrund, aber deutlich erkennbar an der Wand, ziert ein schwerer Rahmen das Bild des

Das heimliche Treiben der Lady Di aus der Feder des genialen Jack Slade.

Prinzen Charles. Der Frisur nach, könnte es sich bei der fotografierten Domina tatsächlich um Diana handeln, allerdings: nur der bescheuerten Frisur nach.

Weiter behaupten (unabhängig voneinander) nicht wenige, über den ganzen Globus verstreute Männer, dass Diana selig nicht nur eine professionelle Schwanz- und begnadete Zehenlutscherin, sondern darüber hinaus eine geile Arschfaltenleckerin gewesen sei, die in bestimmten Kreisen man kurz „Möschen Nimmersatt" zu nennen pflegte. Ebenso viele Frauen wollen das dianeske Liebesspiel genossen haben. „Im Grunde", so eine arbeitslose Informatikerin aus New York, „war Diana 'ne olle Lesbe, die auf Hetero machte". Vielleicht liebte sie beide, Männer und Frauen – wer weiß? Letztlich aber ist nur eines von Interesse: Wie steht's mit der Behauptung des „unbekannten Paparazzo", die „Queen of Hearts" (*Bunte, Stern, aktuelle, Bild, Focus, TAZ, Blitz Illu* usw.) habe begeistert der Sodomie gefrönt, nicht nur Pferde, sondern auch Ferkel geliebt? Wird der Regisseur der Diana-Filmbiografie die Aussagen des Unbekannten im Drehbuch berücksichtigen? Wird er der Sache nachgehen? Höchstwahrscheinlich nicht. Denn zum einen basiert die Story des Films auf Mortons Buch über das Leben des mutmaßlichen Luders, zum anderen sollen in den 14 Millionen Mark teuren Streifen Szenen mit der echten Diana geschnitten werden. Im Klartext: Man will, man braucht keine Hauptdarstellerin. Schon gar keine perverse. „Die Zuschauer haben ein bestimmtes Diana-Bild", so Produzent Christian Seidel, „da kommt keine ran". Und Foto- bzw. Filmmaterial mit der tiervögelnden Blonden, „nackend und Schweine küssend", wurde bekanntlich bis dato nicht zu Tage gefördert, sondern ist vermutlich zusammen mit dem „unbekannten Paparazzo" verschwunden, wie ein Furz im Wind. Schade drum.

> *„Lassiter dachte nicht an die 10.000 Dollar, als er die großen warmen Brüste in seinen Händen spürte. Er war ein Mann, der für eine Frau wie Lady Diana auch 100.000 Dollar fahren ließ."*
>
> Jack Slade

Michael Schmidt-Salomon
Big Mama is watching you!
Wie die Jungfrau Maria Deutschland errettete und in den Trash-Himmel gelangte

Wanderer, kommst du nach Marpingen, so achte darauf, dass du nicht von rosenkranzbetenden Pilgern überrannt wirst. Zehntausende von Mariengläubigen haben kurz vor der Jahrtausendwende den kleinen Ort im Saarland heimgesucht. Kein Wunder – bei solch einem Wunder: Die Jungfrau und Gottesmutter Maria soll rund 2000 Jahre nach ihrer ruhmreichen Himmelfahrt ihr Herz für Marpingen (wieder-) entdeckt haben und den drei „Seherinnen" Christine Ney, Judith Hiber und Marion Guttmann erschienen sein.

Maria hätte kaum einen günstigeren Zeitpunkt für ihren medialen Feldzug wählen können. Zum einen war ihr Anliegen durch das Gerangel um die katholische Schwangerschaftskonfliktberatung medial gut vorbereitet. Zum anderen waren Ende '99 die gefeierten Ikonen der neuen deutschen Trashkultur ein wenig abgetaucht, Verona Feldbusch legte damals eine kleine Pause ein, Guildo Horn verlor dramatisch an Popularität, *Big Brother* sollte erst Monate später die deutschen Wohnstuben erobern. Die Zeichen standen also denkbar gut für *Big Mama*. Das Marpinger Marienspektakel war ein gefundenes Fressen für Presse, Funk und Fernsehen. Marias „neue Medien" Christine, Judith und Marion wurden von Journalisten, Kameraleuten und Rundfunkteams so sehr bedrängt, dass sie zeitweilig an einem geheimen Ort untergebracht werden mussten. Hatte Guildo Horn den Schlager wieder belebt, so schienen die drei „Seherinnen" den katholischen Wunderglauben mit neuer Kraft zu erfüllen. Und was kaum einer vermutet hätte: Das

Marpinger Event bewies, dass die alten Heiligen mit den neuen durchaus mithalten können. Wer Marpingen erlebt hat, konnte von Zlatkos späteren Gesangskünsten nicht mehr geschockt sein. So etwas wappnet den Charakter, macht einen hart fürs Leben. Ich weiß, wovon ich spreche, denn ich war dabei.

Rückblende: Marpingen, 5. September 1999, später Nachmittag: Aufgefordert, etwas über die „Erscheinungen in Marpingen" zu schreiben, will ich das Geschehen natürlich aus nächster Nähe beobachten. Schon am Ortseingang treffe ich auf eine Karawane von circa fünfzig Reisebussen. Der Ort selbst wirkt wie ausgestorben. Habe ich die Erscheinung etwa schon verpasst? Schnell mache ich mich auf den Weg, vorbei an Ordnungshütern, Sanitätern und Andenkenverkäufern. „Haben Sie Interesse an einer *Original Marpinger Marienerscheinungsdose?*", werde ich gefragt. Ich winke dankend ab. Auch der Stand, an dem etwas verkauft wird, was ich als eine Art „letzte Bratwurst vor der Erscheinung" identifiziere, macht auf mich als eingefleischten Vegetarier wenig Eindruck. Aus der Ferne sind nun Kirchenlieder zu hören und nach einigen Minuten haben wir es geschafft: Vor uns breitet sich eine riesige Menge von Pilgern aus. Die Marien-Grotte selbst ist kaum zu sehen. Wir sind auf der Suche nach einem besseren Platz. „Ob wir einen Baum besteigen sollen?", frage ich. Aber auf den Gedanken sind vor uns schon einige andere gekommen. Es hilft nichts. Wir müssen uns durch die Menge hindurchzwängen. Mühsam, aber es geht. Immerhin: Am Ende haben wir eine halbwegs komfortable Sicht auf die Grotte und den Priester, der die Prä-Erscheinungs-Zeremonie leitet.

Ich schaue auf meine Uhr. „Unsere Liebe Frau", wie Maria in Insiderkreisen liebevoll bezeichnet wird, müsste eigentlich bald erscheinen. Die Spannung steigt. Nach ein paar Gebeten hat die Menge wieder mit dem Singen begonnen. Nicht schön, aber laut. Ein unangenehmer Schauer breitet sich über meinen Rücken aus. Doch wer glaubt, unerträglicher könne es gar nicht werden, sieht sich getäuscht: Der klerikale Zeremonienmeister beginnt nun, eine zweite Stimme über den Gesang der Menge zu improvisieren. Mir schwinden die Sinne. Als Liebhaber von Avantgarde-Musik bin ich ja einiges gewöhnt. Aber diese musikalische Müllskulptur, nennen wir sie einmal „Marpinger Polytonalität", ist zuviel für mich. Ich ertappe mich bei einem sehr merkwürdigen Gedanken: „Maria hilf!", flehe ich leise, „wenn es dich gibt, verdammt noch mal, dann erscheine jetzt!"

Plötzlich ertönt ein Klingelzeichen. Die erbärmlichen Gesangsversuche der Gemeinde verstummen augenblicklich und die Leute, die eben noch neben mir standen, sinken mit irrem Blick zu Boden. Einige von ihnen beten leise den Rosenkranz. Ich bin im ersten Moment von den musikalischen Darbietungen noch so benommen, dass ich gar nicht so recht mitbekomme, was um mich herum geschieht. Erst langsam schwant mir, dass Maria wohl Erbarmen mit meinen empfindlichen Hörorganen hatte. Schlagartig wird mir die Dignität dieses besonderen Moments bewusst: Das Happening „Marienerscheinung" findet hier und jetzt statt – nicht einmal dreißig Meter von mir entfernt! Ich nutze den Moment und mache einige Fotos (endlich ist die Sicht ja nicht mehr verstellt!). Auch die angereisten Kamerateams atmen erleichtert auf.

In der Marpinger Marienerscheinungsordnung, die zuvor vom Kapellenverein ausgeteilt wurde, stand zu lesen, dass während der Marienerscheinung nicht mehr gesprochen, sondern leise gebetet werden solle. Dankbar genieße ich die Ruhe. Nur irgendwo in der Ferne schreit ein Kind. Wahrscheinlich hat es Angst – und ich kann es ihm nicht verübeln: Tausende von Menschen, die auf dem Boden knien und merkwürdige Verse vor sich hinmurmeln, bieten schon einen gespenstischen Anblick.

Ich schaue wieder auf die Uhr. Ich blicke mich um, aber nichts tut sich. Wie lange wird diese Masse wohl in Schweigen verharren? Wie lange dauert denn überhaupt so eine Marienerscheinung? Zwanzig Minuten? Eine Stunde? Drei Stunden? Heilige Jungfrau, ich werde doch nicht etwa die Nacht in Marpingen verbringen müssen?! Erste Anzeichen von Panik machen sich bei mir breit. Doch dann – endlich! – rund eine halbe Stunde nach dem ersten Klingelzeichen – ist er da, der Moment, auf den alle gewartet haben: Die von den „Seherinnen" besprochene Kassette wird über Lautsprecher abgespielt. Ich muss unwillkürlich grinsen. Die piepsigen Stimmen, die da kläglich scheitern bei dem Versuch, sich irgendwie des Hochdeutschen zu bemächtigen, versöhnen mich ein wenig mit dem Geschehen. Die Botschaften selbst sind erwartungsgemäß naiv und über weite Strecken belanglos, eigentlich genau so, wie in all den anderen Fällen, in denen sich Maria in den letzten Jahrhunderten zu Wort meldete (aber was soll man schon von einer Frau erwarten, die vor 2000 Jahren in den patriarchalen Strukturen einer relativ zurückgebliebenen Hirtenkultur aufwuchs, und der man konsequent jeglichen Zugang zu formaler Bildung verweigerte?).

Nach dem musikalischen Schockerlebnis aus der Prä-Erscheinungs-Zeremonie, den vielen Rosenkranzgebeten und dem reaktionären religiösen Kitsch der „Seherinnen" habe ich genug gesehen und gehört. Eilig verabschieden wir uns vom Ort des Geschehens, entfernen das Anti-Abtreibungsflugblatt, das irgendwelche marianischen Aktivisten an der Windschutzscheibe unseres Autos angebracht haben, und verlassen das saarländische Absurdistan in Richtung Zivilisation.

Immer da, wenn es brennt:
Die Jungfrau errettet Deutschland

Einige LeserInnen werden sich vielleicht gefragt haben: Was will Maria ausgerechnet in Marpingen? Wenn sie unbedingt Publicity will, warum beginnt sie ihre PR-Kampagne nicht in Berlin, Hamburg oder München? Warum sucht sie sich ausgerechnet ein Dörfchen im Saarland aus, von dem kaum jemand weiß, wo es überhaupt liegt? Nun, die Antwort auf diese Frage ist ganz einfach: Wie jeder Hobbykriminalist weiß, kehren Täter gerne an frühere Tatorte zurück. Die heilige Jungfrau macht da keine Ausnahme. Schon 1876 stattete sie der saarländischen Gemeinde zahlreiche Besuche ab. Und das Anliegen Mariens im krisengeschüttelten Jahr 1999 ist einer Heiligen durchaus würdig: Es geht ihr um nichts Geringeres als die Rettung Deutschlands. Nach Ansicht Mariens nämlich ist Deutschland tödlich bedroht – und damit meint die Jungfrau nicht die Folgen von Umweltverschmutzung, steigender

Arbeitslosigkeit, der Politik Gerhard Schröders oder der Plastikmucke von Dieter Bohlen. Nein, das Schlimmste ist, wenn wir der Jungfrau glauben dürfen, dass die Deutschen das bedingungslose Vertrauen in den Papst verloren haben.

Wie gesagt: Das eigentlich Bemerkenswerte an den Marpinger Erscheinungen war nicht ihre inflationäre Häufigkeit (bis zum 6. September erschien die Jungfrau ganze zwölf Mal, das dreizehnte Mal sollte sie Marpingen im Oktober heimsuchen), auch nicht die Tatsache der termingenauen Vorankündigungen (inkl. der skurrilen Nebensächlichkeit, dass die Jungfrau einmal ihre Erscheinung wegen einer örtlichen Kirmes verschob). Bemerkenswert war vor allem das feine taktische Gespür, das die Jungfrau bewies (wahrscheinlich hat sie im Himmel doch noch einen jesuitischen Kaderlehrgang besucht): Es ist nämlich alles andere als ein Zufall, dass Maria Marpingen ausgerechnet 1999 besuchte, in dem Jahr, in dem der Konflikt zwischen der relativ (!) progressiven deutschen Bischofskonferenz und dem Vatikan eskalierte. „Unsere Liebe Frau" ist nämlich alles andere als eine Freundin von Reform-Christen. Und besonders in Sachen Schwangerschaftsabbruch ist mit ihr nicht zu spaßen. (Man stelle sich vor, die Jungfrau daselbst hätte einst abgetrieben! Der ganze Traum vom christlichen Abendland – mit einem Schlag futsch...)

Spaß beiseite: Für die Fraktion der katholischen Hardliner war das Thema „Schwangerschaftsberatung" 1999 alles andere als ein Nebenkriegsschauplatz. Hier ging es regelrecht ums Eingemachte, um das große Reinemachen vor dem „Heiligen Jahr" 2000.

Maria ist daher genau zum richtigen Zeitpunkt erschienen, ein gelungenes Manöver, um dem reaktionärsten Flügel der katholischen Kirche unter die Arme zu greifen. So ist sie halt, die Mutter Gottes. Eine Frau fürs Grobe. Immer da, wenn es brennt. Das bewies sie schon 1917 – in Fatima.

Fatima: das dunkle Geheimnis

Was ist damals in Fatima geschehen? Werfen wir kurz einen Blick auf dieses vielleicht wichtigste Ereignis für den Katholizismus im 20. Jahrhundert.

In Fatima soll sich – so berichtet uns zumindest die kirchenamtlich beglaubigte Legende – im Jahre 1917 Erstaunliches zugetragen haben. Während Zehntausende die Sonne tanzen sahen, waren die kleinen Hirtenkinder Lucia, Francisco und Jacinta dazu erkoren, der Gottesmutter Maria (Tarnname: „Unsere Liebe Frau von Fatima") sechsmal (nur halb so oft wie die „Seherinnen" in Marpingen!) zu begegnen. Die Jungfrau ließ die sieben- bis zehnjährigen Kinder wissen, dass die sündige Welt eine furchtbare Strafe Gottes zu erwarten habe, und verriet ihnen ein dreiteiliges Geheimnis, das so schrecklich war, dass selbst gestandenen Kirchenleuten Tränen in den Augen standen. (Mit der Begründung, man wolle eine Panik unter den Menschen verhindern, hielt der Vatikan übrigens bis zum Heiligen Jahr 2000 den dritten Teil des Geheimnisses unter Verschluss.)

Die Mär von Fatima wird bis heute mit kindlicher Naivität verkündet. Die Authentizität der Erscheinung sei verbürgt, meinen der Papst und seine Getreuen. Und sie führen hierfür auch einen vermeintlich schlagenden Beweis an: Allein die Gottesmutter habe bereits 1917 die Machtübernahme der expansionslüsternen russischen Kommunisten sowie den Ausbruch des Zweiten Weltkriegs vorhersagen können. Tatsächlich berichtet der zweite Teil des Fatima-Geheimnisses Erstaunliches: „Der Krieg [gemeint ist der Erste Weltkrieg, MSS] wird zwar zu Ende gehen, wenn aber Gott weiterhin beleidigt wird, beginnt unter der Regierung Pius' XI. ein noch schlimmerer. Wenn ihr eine von einem unbekannten Licht erleuchtete Nacht seht, so wisst, dass dies das große Zeichen ist, das Gott euch als Hinweis darauf gibt, dass er die Welt für ihre Verbrechen mit Krieg, Hunger und Verfolgungen von Kirche und Papst strafen wird. Um dies zu verhindern, werde ich darum bitten, dass Russland Meinem Unbefleckten Herzen geweiht wird und dass an den ersten Samstagen die Sühnekommunion gehalten wird. Wenn Meine Bitten erfüllt werden, wird sich Russland bekehren und es wird Frieden herrschen; andernfalls wird es seine Irrtümer über die ganze Welt verbreiten, und es wird zu Kriegen und Kirchenverfolgungen kommen; die guten werden gemartert, der Heilige Vater wird viel zu leiden haben, mehrere Nationen werden vernichtet werden; doch am Ende wird Mein Unbeflecktes Herz triumphieren. Der Heilige Vater wird Mir Russland weihen, das sich bekehren wird, und der Welt wird es gegeben sein, einige Zeit in Frieden zu leben."

Freilich: Bei näherer Betrachtung sind die vermeintlichen Weissagungen Mariens (Antikirchenpolitik des kommunistisch bestimmten Russlands sowie Ausbruch des Zweiten Weltkrieges während der Amtszeit von Pius XI.) weit weniger wundersam als sie zunächst erscheinen mögen, denn die „Prophezeiungen" wurden nicht 1917, sondern 1941 aufgeschrieben, also zu einem Zeitpunkt, als die „vorhergesagten" Ereignisse bereits eingetroffen waren. Nur im Falle der Weihe Russlands an das „Unbefleckte Herz Mariens" und der „Bekehrung Russlands" könnte man tatsächlich von „Prophezeiungen" sprechen, wenn auch von *selbsterfüllenden*. Schließlich war es nicht zuletzt die Botschaft von Fatima, die die Päpste dazu drängte, die Welt (vor allem Russland) dem „Unbefleckten Herz Mariens" zu weihen und das volle Engagement auf den Kampf gegen den Kommunismus und die Bekehrung Russlands zu lenken. In diesem Zusammenhang muss vor allem an die entscheidende Bedeutung von Johannes Paul II. im Rahmen der Veränderungsprozesse im Osten erinnert werden, aber auch an die Stützung der antikommunistischen Faschisten durch Papst Pius XII.

Wahrheit kommt von oben: Marienerscheinungen im 20. Jahrhundert

Es wäre also alles andere als sinnvoll, Marienerscheinung wie die in Marpingen als harmlose Spinnereien oder als bloße Randerscheinung der allgegenwärtigen Trashkultur abzutun. So irrsinnig die Botschaften von Fatima oder Marpingen auch erscheinen mögen, die Geschichte beweist: Nichts ist absurd genug, um nicht doch noch geglaubt und mit Waffengewalt verbreitet zu werden.

Die „Marianische Bewegung", die sich weltweit formiert und bei allen Marienerscheinungen der Gegenwart ihre Finger mit im Spiel hat, ist eine durchaus ernst zu nehmende Gefährdung für das Projekt einer offenen Weltgesellschaft. Diese Gruppierungen besetzen (wie im Falle von *Opus Dei*) zentrale Positionen innerhalb wie außerhalb der katholischen Kirche. Ihr Ziel ist ehrgeizig: die vollständige Christianisierung aller Kulturen und Institutionen. Pluralistische Vorstellungen sind ihnen wesensfremd. Der Demokratie stehen sie mit bissigem Argwohn gegenüber. Und dies ist durchaus verständlich, schließlich kommt in ihrem Weltbild die Wahrheit stets von oben, niemals von unten.

Einige Feministinnen haben ihr Erstaunen darüber geäußert, dass Maria ausgerechnet in diesen dezidiert reaktionären, patriarchalen Kreisen glühendste Verehrer findet. Bei näherer Betrachtung ist dieses Faktum allerdings kaum verwunderlich: Zum einen ist das vermeintliche Idealbild der Jungfrau Maria ein Zerrbild der real existierenden Frau, ein durch keine Lust beflecktes Wesen, makellos und rein, die perfekte Antagonistin der sündigen Eva. (Marienglaube und Frauenhass sind keine Gegensätze, sondern zwei Seiten einer Medaille!) Zum anderen ist es psychologisch verständlich, dass Menschen, die einen besonders strengen, rachsüchtigen Gott verehren, ihre libidinösen Kräfte auf ein Mutterwesen konzentrieren, das in der Lage ist, beim gestrengen Gottvater hin und wieder ein besänftigendes Wort einzulegen.

Wie dem auch sei: Die Geschichte lehrt uns, dass Marienerscheinungen wie die jüngsten in Marpingen nicht nur Ausflüsse kindlichen Aberglaubens sind – oder Marketingstrategien skrupelloser Geschäftemacher, die aus einem unscheinbaren Dorf im Saarland einen internationalen Wallfahrtsort machen wollen. Sie sind vor allem strategisch wertvolle Mittel christlicher Fundamentalisten, die unter dem klerikal gewendeten APO-Motto „Schaffen wir zwei, drei, viele Fatimas!" zum Marsch durch die Institutionen angetreten sind.

Und wahrlich: Marpingen ist mittlerweile fast überall! Nie war die Gottesmutter (für die Fundamentalisten) so wertvoll wie heute. Und darum legt sich Maria auch mächtig ins Zeug, hetzt von einem Erscheinungstermin zum anderen, heilt einen Blinden hier, eine Magersüchtige dort. Hin und wieder lässt sie sogar ihr unbeflecktes Herz bluten. Immer im Auftrag des Herrn, multimedial und polyglott rund um den Globus, auf Teufel komm raus. Wie erscheinungswütig Maria heutzutage ist, verrät bereits ein kurzer Blick in die peinlich genau geführte Erscheinungsstatistik: Von den bis 1993 bekanntgewordenen 918 Marienerscheinungen (die ersten drei erfolgten bereits im 1. Jahrhundert) fanden ganze 427 im 20. Jahrhundert statt. Und es ist nicht zu erwarten, dass Maria in Zukunft klein beigibt. Im Gegenteil. Wer weiß, vielleicht offeriert ihr RTL2 irgendwann einmal eine eigene Fernsehshow? Warum sollte „Marias Welt" „Zlatkos Welt" nicht toppen können? Schließlich ist die Jungfrau mindestens so unbelesen wie der dumme August des *Big Brother*-Universums und Shakespeare dürfte ihr im katholischen Himmel auch nicht unbedingt begegnet sein.

Wer also den ultimativen Beweis dafür sucht, dass die Menschheit nicht die „Krönung der Schöpfung" sein kann, der verpasse nicht die nächsten Stationen der marianischen Deutschland-Errettungs-Tournee. Die Events sind garantiert gut besucht und bevölkert mit Gestalten, die man an einem solchen Platz eigentlich gar nicht vermutet hätte: Menschen, die zumindest auf den ersten Blick so aussehen, als würden sie der gleichen Spezies angehören wie du und ich.

Alles in allem hat Arthur Drews das marianische Schmierentheater wohl mehr als treffend charakterisiert, als er schrieb: „Die Marienverehrung ... ist eine Geschichte des kindlichsten Aberglaubens, der kecksten Fälschungen, Verdrehungen, Auslegungen, Einbildungen und Machenschaften, aus menschlicher Kläglichkeit und Bedürftigkeit, jesuitischer Schlauheit und kirchlichem Machtwillen zusammengewoben, ein Schauspiel, gleich geschickt zum Weinen wie zum Lachen: die wahre göttliche Komödie."

Schein-Heilige

Gunnar Schedel
Das Gottesluder Teresa
Von Müttern und Märchen

Selig sind die geistig Armen. Steht jedenfalls in der Bibel. Und auch den anderen Armen, denen es vielleicht nicht an Geist, aber an Geld mangelt, auch ihnen ist das Himmelreich sicher. Steht auch in der Bibel. Und weil es ausgesprochen billig ist, Versprechungen abzugeben, die nie überprüft werden können, wurde der Spruch von der Seligkeit der Armen zum Sozialslogan der Drahtzieher Gottes. Aufs Jenseits vertröstet labten sich Generationen an der Verheißung von Manna und Ambrosia, anstatt sich schon im Leben zu holen, was ihnen eigentlich zugestanden hätte. Das mehrte den kirchlichen Reichtum und fand den Beifall der Herrschenden. Mit der Aufklärung jedoch geriet das System in die Krise: Immer mehr Menschen hatten immer weniger Lust, ein Leben lang arm und unglücklich zu sein, um dann zur Linken Gottes, der Jungfrau Maria oder des heiligen Aloysius zu sitzen. Die Aussichten, dereinst im Paradies frohlocken zu dürfen, erschienen weniger verlockend als etwas Wohlstand, kompromisslos forderten die einfachen Leute ein Stück vom Kuchen oder gleich die ganze Bäckerei (und wären allenfalls bereit gewesen, das Manna gegen Christstollen einzutauschen). Die Kirchen, in ihrer unübertrefflichen Meisterschaft im Märchenerzählen, reagierten und erklärten sich zu den allerersten Sachwaltern der sozialen Gerechtigkeit auf Erden (auch darüber steht irgendwas in der Bibel) – die sich freilich ohne soziale Veränderungen einstellen sollte (aber das ist eine andere Lügengeschichte).

Als das Medienzeitalter anbrach, begab es sich schließlich, dass die Stimme von der Kanzel nicht mehr so weit reichte, wie die Rundfunkwellen im Äther (vom Internet mal ganz abgesehen): Es bedurfte eines medientauglichen Gesichts, das die ganze Welt mit der katholischen Mildtätigkeit und Unterstützung der Armen und Ärmsten der Armen identifizieren konnte. Und siehe, über Kalkutta ging ein Stern auf, der fortan Glanz über das abgewirtschaftete römische Imperium verbreiten sollte. Ob es sich nun um eine göttliche Fügung handelte, ob die Glaubensmanager beisammen saßen, bis weißer Rauch über den Köpfen zu sehen war, oder ob Kardinal Zufall Regie führte – wer weiß. Jedenfalls betrat jene kleine Nonne, deren Orden in der indischen Millionenstadt mit ihren riesigen Elendsvierteln seinen Sitz hat, zum richtigen Zeitpunkt die Bühne der Medien.

Mutter Teresa verkörpert jenen neuen Typ von Heiligen, die bei ihrem ersten Auftauchen bereits heilig sind, nicht durch Worte oder Taten, sondern weil sie ein Bedürfnis des Publikums befriedigen, das gar nicht mehr so genau wissen will, was im fernen Indien denn tatsächlich passiert. Dieser Trend, dass Heilige im Medienhimmel ex machina auftauchen können, kam der katholischen Kirche sehr entgegen: Um die heilige Barbara oder den heiligen Cyprian zu reaktivieren, hätte sie auf jene Wiederauferstehungsschote zurückgreifen müssen, die schon vor 2000 Jahren bei den Gebildeten nur ungläubiges Kopfschütteln ausgelöst hatte. Mutter Teresa dagegen avancierte schnell zur hoch geachteten Persönlichkeit, nach ihrem Tod kamen anerkennende Worte aus allen Regierungspalästen, bei Umfragen unter Jugendlichen taucht sie regelmäßig unter den Top Ten der Vorbilder auf. Das passte ins knallharte politische Kalkül der Strategen im Vatikan. Und die notwendigen Wunder und gute Werke, die zur formalen Selig- und Heiligsprechung notwendig sind, werden im Eiltempo nachgereicht (nur beim *Opus Dei*-Gründer Josemaria Escriva geht es damit noch schneller, aber das ist eine andere Karriere).

Eine multifunktionale Vorzeigeheilige also, ein Synonym für praktizierte Nächstenliebe, beliebt bei Betern und Spendern: Mutter Teresa, der Engel der Armen. Weit über kirchliche Kreise hinaus gilt sie als integre Persönlichkeit, deren Orden die überwiesenen Spenden bestmöglich zur Unterstützung der Ärmsten der Armen einsetzt und so wie einst der Erzengel Karl (oder hieß er Max) sich entschlossen gegen die soziale Ungerechtigkeit stemmt. Dieses Image hat die katholische Kirche immer wieder zielstrebig eingesetzt, um Sympathiepunkte und Geld einzuheimsen. Mutter Teresa, vertrauenswürdig und an den sozialen Brennpunkten der Welt aktiv, schien das genaue Gegenbild zum skandalumwitterten Vatikan wie auch zu einem (nicht nur in Sachen Verhütung) zunehmend weltfremder argumentierenden Papst. Die katholische Kirche hatte wieder eine Identifikationsfigur zu bieten, und die Medien präsentierten bei jeder Gelegenheit Bilder des blau-weißen Pinguins.

1979 war es dann endgültig geschafft: Für ihre Mission erhielt sie den Friedensnobelpreis. Mit diesem Freibrief in der Tasche ging es erst so richtig aufwärts (zehn Jahre später wiederholte sich die Geschichte, aber das ist eine andere Heiligkeit). Ihr Orden wurde populär und populärer, die Spenden flossen reichlich. Und die Protagonistin wurde heiliger und heiliger, gehörte bald zum Klub der über alle Kritik Erhabenen – wer sie kritisierte musste Unrecht haben, allein die Tatsache, dass *sie* Ziel der Kritik war, disqualifizierte die Kritik bereits.

Fortan gab es kein Halten mehr: Eine Allianz aus konservativer Öffentlichkeit und vomleidinderweltbetroffenen Gutmenschen lechzte nach einer neuen Superheiligen, engagiert wie Petra Kelly, geschäftstüchtig wie Dolly Dollar, makellos wie die Jungfrau Maria. Mutter Teresa tat ihnen den Gefallen, ließ sich Jacketkronen machen und strahlte mindestens einmal im Monat durch alle Illustrierten. Wenn die Termine des schlechten Gewissens näher rückten (Kling, Münzchen, klingelingeling), gabs dann auch laufende Bilder, immer die gleiche Schnittfolge: Mutter Teresa händchenhaltend mit einem Leprakranken, Mutter Teresa beim Regierungschef – und der Rubel rollte (pardon, kleiner Versprecher, war natürlich 'ne andere Währung). Und vor der Mattscheibe: Nochmal tief gestöhnt, schnell die Unterschrift aufs Überweisungsformular gespritzt und, bevor sich die finale Befriedigung einstellt, noch ein

Tränchen verdrückt. Ja, Veronas Welt verlangt nach Idolen (aber das ist eine andere Platte).

Die Einwände der advocati diaboli bleiben da Formsache. Warum auch auf die Fakten schauen, wenn alles soo schöön wirkt. Aber im Spalt zwischen Wirkung und Wirklichkeit blitzt die Menschenverachtung auf, mit der die Missionarin der Nächstenliebe und ihr Orden den Armen entgegentritt. Sagen jedenfalls die advocati diaboli. Und die von ihnen angeführten Zeugen, die den nächstenliebenden Orden noch nie im Fernsehen, dafür aber aus nächster Nähe in den Slums von Kalkutta gesehen haben, berichten davon, dass die Missionarinnen – ganz im Gegensatz zu ihrem Image – fast nichts für die Menschen dort tun. Mutter Teresas Dienst am Nächsten nur eine Mischung aus Real Soap und Seifenblase?

Was machen jene 4.000 Schwestern und rund 300.000 freiwillige Helfer, die eine Vielzahl von Missionsstationen unterhalten, denen soziale Einrichtungen angeschlossen sind? Gewährleistet die ehrenamtliche Arbeit nicht, dass die Spenden ohne große Reibungsverluste direkt bei den Bedürftigen ankommen? Nur der Zweifler wundert sich darüber, dass der Orden seine Finanzen nicht offenlegt, obwohl dies nach indischem Recht für Hilfsorganisationen vorgeschrieben ist. Nur ein Zahlenfetischist wird bemerken, dass im britischen Zweig der Organisation 1991 umgerechnet 5,3 Mio DM Einnahmen winzige 360.000 DM Ausgaben gegenüberstanden. Und nur ein notorischer Nörgler wird sich angesichts von geschätzten jährlichen Einnahmen in Höhe eines dreistelligen Millionenbetrages fragen: Was geschieht mit den restlichen Millionen?

Was seine Finanzen angeht, hat der Orden offensichtlich ein kollektives Schweigegelübde abgelegt (manchmal heißt das auch Ehrenwort, aber so sprach eine andere Gestalt der Weltgeschichte). Doch führen nicht alle Wege nach Rom? Für Geld bedeutete das, dass es auf ein Konto der Vatikanbank flösse und dort seiner weiteren Verwendung für Gottes Werk harrte. Sagen die advocati diaboli und erinnern an die Aussagen ehemaliger Nonnen und Mitarbeiterinnen, dass Sachspenden gehortet würden und Geld auch dann nicht in Notstandsgebiete weitergeleitet werde, wenn die Spender ausdrücklich den Verwendungszweck angegeben haben. Und wenn wir erfahren, dass jede lokale Station der nächstenliebenden Missionarinnen, sobald sie errichtet ist, für ihre Finanzierung selbst sorgen muss, was schließen wir daraus? Findet da vielleicht überhaupt kein Transfer von Spendengeldern aus den reichen in die armen Länder statt? Werden da keine hungrigen Mäuler, sondern die noch viel hungrigeren Schatztruhen des Vatikan gestopft?

Aber Denken und Zweifeln waren schon immer des Teufels. Und muss nicht alle Kritik verstummen, wenn Mutter Teresa nicht nur entwaffnend ehrlich, sondern auch voller Stolz ihre Missionarinnen der Nächstenliebe die „desorganisierteste Organisation der Welt" nennt? Wenn sich zum religiösen ein zwanghafter Sparwahn gesellt, ist es noch allemal gelungen, den Aufbau einer effizienten Organisationsstruktur systematisch zu verhindern.

Blanker Zynismus? Ja, so könnte die Einstellung des Todesengels der Armen den Hilfsbedürftigen gegenüber genannt werden. Aber was ist schon die Linderung irdischen Leidens gemessen an der Verheißung ewiger Glückseligkeit. Warum denn eine Isolationsstation für Tuberkulosekranke einrichten, Spritzen anständig desinfizieren, Schmerzmittel verabreichen, wenn den Kranken dadurch „das schönste Geschenk für den Menschen" vorenthalten würde: Endlich „am Leiden Christi teilnehmen" zu können. Da kriegen die Slumbewohner von Kalkutta für den läppischen Preis ihres Lebens tagtäglich all inclusive geboten, wofür ihre europäischen Glaubensbrüder einen ganzen Survival-Urlaub opfern müssen: echte Extremerfahrungen. Das ist praktizierte Nächstenliebe, die Aufhebung der Kluft zwischen den Metropolen und der „Dritten Welt".

Auch die Kinderverschickung, an der die Nonnen beteiligt sind, ist zum Besten der armen Heidenkinder, die in eine katholische Adoptivfamilie kommen. Und wenn dabei manchmal in seltenen Ausnahmefällen auch Kinder verschachert werden, deren Eltern weder tot sind noch ihr Kind abgeben wollen – so handelt es sich doch allemal um das bedauerliche Fehlverhalten einzelner Nonnen, die gefehlt haben, nicht weil sondern obwohl sie zu Mutter Teresas Orden gehören. Kann ja schon mal vorkommen bei der Erziehung. Wenn junge Frauen von Beginn ihres Nonnentums an großem psychischen Druck ausgesetzt werden, der von Sekten und sonstigen Psychogruppen bekannt ist und darauf abzielt, die Identität aufzulösen, mit aufs straffste durchgeregeltem Tagesablauf und Schlafentzug, Zensur der Lektüre und häufiger Versetzung, damit keine Fenster nach draußen aufgestoßen und keine Bindungen aufgebaut werden können, da verrutschen bei solchermaßen konditionierten Menschen halt mal ethische Maßstäbe und ein vermeintlicher Dienst für Gott wiegt weltliches Recht und die Interessen von Menschen allemal auf. Sollte einen doch nicht wundern.

Für Mutter Teresas Kalkulation war solches ohnehin unerheblich, denn die war einfach: alles für Gott. Da aber selbiger zeitlebens bei ihr nicht vorbeigekommen war, sammelte sie Geld und Seelen für seinen irdischen Statthalterverein, die katholische Kirche. Die Armen und Kranken in Kalkutta oder sonstwo waren für sie Objekte, mit denen sie sich Gottes wegen beschäftigte – und möglicherweise auch, weil sich damit am Ende des 20. Jahrhunderts besser Spenden eintreiben ließen als mit Appellen, dass die Erlösung zu den Un- oder Irrgläubigen gebracht werden müsse. Ein Interesse an den Menschen, an einer Veränderung ihrer sozialen Situation hatte die Friedensnobelpreisträgerin nicht. Denn eines wusste der Engel der Armen nur zu genau: Nur wenn es weiterhin Arme, viele Arme gibt, würde sie auch weiterhin deren Engel sein.

Wie gesagt, Mutter Teresas Sorge galt dem Leben nach dem Tod, nicht dem irdischen. Deshalb taugt sie durchaus zur Vorzeigeheiligen; in der Kirche wie in Kirchs Kanälen, im Jenseits wie in der virtuellen Welt der Redaktionen. Die Armen sind nur das Mittel zum Zweck, disponible Masse auf dem medialen Verschiebebahnhof, wo es um große Gefühle und großes Geld geht. Und die Dreifaltigkeit, die den Engel der Armen gezeugt und großgezogen hat, besah ihr Werk und war fürwahr zufrieden; die Gutmenschen mit ihrem guten Gewissen, die Medien mit der Quote und der Vatikan mit den Einnahmen.

Marvin Chlada
Zettelkasten-Soziologie oder Sind wir nicht alle ein bisschen Luhmann?

> *„Die empirischen 68er sind in Deutschland im Verlauf der 80er Jahre Luhmannianer geworden. Das hält zwar nicht jung, aber cool."*
>
> Diedrich Diederichsen

> *„Luhmann ist überall."*
>
> Helga Gripp-Hagelstange

Luhmann is in the House: Systemtheoretisches Clubbing oder Wissen schafft Pop und umgekehrt

„Der bewussten Täuschung sind rechtliche Grenzen gezogen, aber das gilt nicht für die eher übliche Beihilfe zur Selbsttäuschung des Adressaten", behauptet Niklas Luhmann in seinem Buch *Die Realität der Massenmedien* (Opladen 1996). Wer würde dem widersprechen? „Mehr und mehr Werbung beruht heute darauf, dass die Motive des Umworbenen unkenntlich gemacht werden. Der Adressat wird dann erkennen, dass es sich um Werbung handelt, aber nicht: wie er beeinflusst wird. Ihm wird Entscheidungsfreiheit suggeriert, und das schließt ein, dass er von sich aus will, was er eigentlich gar nicht wollte." Spätestens seit Luhmann am 6. November 1998 (der als „Schwarzer Freitag der Soziologie" in die Geschichte einging) den systemtheoretischen Löffel abgab, ist sein Name und das mit ihm assoziierte Denken selbst zu einer

Marke geworden für die gleichsam fleißig geworben wird – eine Art Ally McBeal der Sozialwissenschaften, die, schenkt man der Sekundärliteratur Glauben, durchaus witzig und darüber hinaus sexy, den Schoß des Juristenmilieus, aus dem sie ohne die Nabelschnur zu kappen gekrochen kam, vergessen macht. Verständlich, wenn man bedenkt, dass Meister Luhmann, der auf wundersame Weise vom Verwaltungsbeamten am Oberverwaltungsgericht Lüneburg zum Star-Soziologen der Universität Bielefeld mutierte, auf mehreren tausend Seiten ein theoretisches System entwarf, in dem jede Schnabeltasse sich ungeniert ausdifferenzieren und jeder Furz noch selbstreferentiell vor sich hin stinken kann:

> *„Ich erinnere mich an ein Gespräch mit einem Referenten aus dem Innenministerium, der mir sagte, dass ich nie ein richtiger Beamter werden würde, wenn ich nicht einmal in einem Landkreis tätig gewesen wäre. Meine Antwort war: 'Ich lese Hölderlin'."*
> Niklas Luhmann

„Weil mir gar keine andere Gesellschaft vorschwebt als die, die wir haben, will ich die vielen positiven Seiten unseres Systems aufzeigen. Es geht also nicht um Ablehnung oder Zustimmung zu dieser Gesellschaft, sondern um ein besseres Verständnis ihrer strukturellen Risiken, ihrer Selbstgefährdungen, ihrer evolutionären Unwahrscheinlichkeiten." Ein großes Werk war geschaffen worden, das „alles noch einmal anders" sagen will, um so die „Wissenschaftssprache in die Grenzen ihres Funktionssystems" zurückzuweisen – geboren aus dem Geist der „Parallelpoesie": „Ich denke manchmal, es fehlt uns nicht an gelehrter Prosa, sondern an gelehrter Poesie." Diese „anspruchsvollen Theorieleistungen" sind allein einem klugen, viel belesenen Kopf und seinem legendären Zettelkasten zu verdanken: „Alle Zettel", erklärte Luhmann einst, „haben eine feste Nummer, es gibt keine systematische Gliederung, der Zettelkasten ist also nicht systematisch geordnet. Hinter diesen einzelnen Nummern gibt es dann Unterabteilungen, zum Beispiel a, b, c, a1, a2, a3 usw., das geht manchmal bis zu zwölf Stellen. Ich kann dann von jeder Nummer auf jede andere Stelle in dem Zettelkasten verweisen. Es gibt also keine Linearität, sondern ein spinnenförmiges System, das überall ansetzen kann. In der Entscheidung, was ich an welcher Stelle in den Zettelkasten hineintue, kann damit viel Belieben herrschen, sofern ich nur die anderen Möglichkeiten durch Verweisung verknüpfe. Wenn man das immer macht, entsteht eine innere Struktur, die auf diese Weise nie hineingegeben worden ist, die man dann aber herausziehen kann. Der Zettelkasten kostet mich mehr Zeit als das Bücherschreiben."

Seine Zettelwirtschaft nannte Luhmann eine „Reduktion zum Aufbau von Komplexität", die fast ausschließlich aus des Meisters eigenen Gedanken bestand, da nur selten Zitate und Literaturhinweise sich eingeschlichen haben. Denn in Sachen Literatur, die er „immer mit einem Blick auf die Verzettelungsfähigkeit von Büchern" las, entschied sich Luhmann für zwei getrennte Systeme, von denen aus wiederum auf den Zettelkasten verwiesen wurde – und aus dem er dann seine „neuen Ideen" zauberte: „Die neuen Ideen ergeben sich dann aus den verschiedenen Kombinationsmöglichkeiten der Zettel zu den einzelnen Begriffen. Ohne die Zettel, also allein durch Nachdenken, würde ich auf solche Ideen nicht kommen. Natürlich ist mein Kopf erforderlich, um die Einfälle zu notieren, aber er kann nicht allein dafür verantwortlich gemacht werden."

> *„Ich arbeite gleichzeitig an mehreren verschiedenen Texten. Mit dieser Methode, immer an mehreren Dingen zu arbeiten, habe ich nie Blockierungen."*
> Niklas Luhmann

Dass Werke à la *Soziale Systeme* (Frankfurt/Main 1984) und *Ökologische Kommunikation* (Opladen 1986) auf keine andere Art und Weise hätten erfunden werden können, leuchtet sofort ein. Schade nur, dass Luhmann den Zettelkasten nicht zu seinen Vorlesungen mitnahm. Dort nämlich setzte der Meister, wenn er nicht gerade ablas, allein auf sein Gedächtnis. Und seinen Humor. Er war es dann auch, der in bestimmten akademischen Kreisen den *Running Gag* etablierte und diskursfähig machte. Wer je das fragwürdige Vergnügen hatte, den Meister über *Autopoiesis* und *Komplexitätsreduktion* sprechen zu hören und zu beobachten, wie er in all seiner technokratischen Gestik selbstverliebt und -referentiell die Welt um sich herum vergaß, erinnert sich gerne an das Wort „Habermas" – jenes Wort, das die vom Luhmannschen Schwall hypnotisierte Zuhörerschaft vor dem kommunikativen Koma bewahrte. Denn „Ha-Ha-Habermas" sorgte, wenn nötig, selbst im stickigsten Hörsaal noch für Stimmung, Spaß und gute Laune. Kaum fiel das neckische Wort, ließen die von Luhmann heimlich (aber gut) konditionierten Studierenden ihre Hüften kreisen, hielten sich vor Lachen den Bauch oder klatschten sich auf die Schenkel. Es besteht kein Zweifel: Mit dem Hegel-Preisträger Luhmann wurde auch der soziologische Sandkastenhumor zu Grabe getragen, der sich heute gerade mal noch in den Fußnoten seiner unsterblichen Werke erahnen lässt.

Spricht es darum nicht für die Größe des Meisters, dass über sein Ableben hinaus das Interesse an seinem Werk stündlich zunimmt und jede Publikation aus dem Nachlass in den höchsten Tönen gepriesen und gefeiert wird? Zurecht weist die begabte Habermas-Schülerin (!) Helga Gripp-Hagelstange im Vorwort des von ihr herausgegebenen Sammelbandes *Niklas Luhmanns Denken* (Konstanz 2000) darauf hin, dass Luhmann heute in allen Ecken und Winkeln dieser Welt zuhause ist: Wie im Himmel so auch auf Erden, beim Bund, in Wirtschaft und Politik, im Swinger-Klub, in Kunst, Pädagogik und Justiz. Selbst in den spektakulären Veranstaltungen des Pop-Literaten Rainald Goetz taucht er auf, wenn dieser sich nicht selten vor seinem Publikum als Luhmannianer outet und auf das Lesen eigener Texte verzichtet, um seitenweise Highlights aus des Meisters Werk zum Besten zu geben. Kurz: Luhmann ist überall. Und das hat er auch verdient. Denn für seinen Erfolg hat Luhmann, der gerne in der Sonne arbeitete („Ich mag Sonne"), in seiner Freizeit hart schuften müssen: „Wenn ich nichts weiter zu tun habe, dann schreibe ich den ganzen Tag: morgens von 8.30 Uhr bis mittags, dann gehe ich kurz mit meinem Hund spazieren, dann habe ich noch einmal nachmittags von 14.00 Uhr bis 16.00 Uhr Zeit, dann ist wieder der Hund an der Reihe. Manchmal lege ich mich auch eine Viertelstunde hin, ich habe mir angewöhnt, mich ganz konzentriert auszuruhen, so dass ich nach kurzer Zeit wieder arbeiten kann. Ja, und dann schreibe ich in der

Regel abends noch bis gegen 23.00 Uhr. Um 23.00 Uhr liege ich meistens im Bett und lese noch ein paar Dinge, die ich zu dieser Zeit noch verdauen kann." Und da er gerne noch mehr geschrieben hätte, beklagte Luhmann den Mangel an Zeit. Soll heißen: Ein Tag ist einfach nicht lang genug. „Ich weiß nicht, ob es eine Utopie ist, unbegrenzt Zeit zu haben. Ich könnte mir also vorstellen, dass für mich der Tag 30 Stunden hat, für den anderen dagegen nur 24. Die anderen müssten dann immer schon schlafen, wenn ich noch alles mögliche tue." Ansonsten war Luhmann ein wunschlos glücklicher Mensch: „Es fällt mir schwer, Wünsche zu haben. Man möchte natürlich so viel Geld haben, dass man nicht über jeden neuen Zahn oder jeden Reifen viel nachdenken muss. Aber davon abgesehen..."

Vom Beamtendeutsch zum Fußballchinesisch: Worte des Soziologen Niklas Luh-Mann oder Luhmann wird irgendwie Altman

Abgesehen davon scheint das „Plärren gegen den Kapitalismus" (Luhmann) spätestens nach der „Wende" nicht nur in der Techno-Generation aus der Mode gekommen zu sein. Auch deren Eltern, die ehemaligen Haschrebellen, Spontis und Maoisten, die sog. 68er Generation, hat das „Plärren" aufgegeben. Stattdessen haben sie sich den Funktionalismus der Systemtheorie zu eigen gemacht. „Ich muss es wissen", so Diedrich Diederichsen in der *Frankfurter Rundschau* (17.1.2000), „ich wohne mitten unter ihnen, in Berlin-Charlottenburg, wo alles angefangen hat und man mit 43 Jahren unter lauter echten 68ern ein junger Mann ist. Tritt man in ihre Kneipen, redet dort aber nicht einmal mehr im anekdotenseligen Berlin irgendjemand von der Schlacht am Tegeler Weg. Statt dessen lautet das erste Wort, das zu einem dringt, 'Luhmann'. Mit langgezogenem U." Glauben wir Diederichsen, dann stellte Luhmann ein theoretisches Angebot dar, mit 68 zu brechen, ohne zu glauben, vollständig reaktionär geworden zu sein. Gut aussehen und im Recht sein, ließ sich auf Dauer eben immer weniger vereinbaren. „Schließlich – das konnte man bei jüngeren Systemtheoretikern sehen – war politisch bei der Theorie ja eigentlich sehr viel Unterschiedliches drin. Das traf allerdings auch fast nur bei deren jüngeren Anhängern zu, die Älteren nutzten Luhmann, zum perfekten und einigermaßen biografieneutralen Ausstieg aus dem linken Kontinuum ihrer Generation – als eine Art intellektuelle Kronzeugenregelung."

Allerdings: Das wusste Meister Luhmann schon lange. Auch er beobachtete die Abkehr von der Frankfurter Schule hin zur Systemtheorie und zauberte einmal mehr einen funktionalistischen Hasen aus dem Zettelkasten, um das Phänomen zu beschreiben. Danach gilt es, zwei Phasen der Luhmann-Rezeption zu unterscheiden. Die erste Phase habe Ende der sechziger Jahre innerhalb des linken Milieus stattgefunden, weil die „Ideengrundlage der Frankfurter Schule relativ einfach ist", dagegen die „Realisierung des Programms" aber Schwierigkeiten bereitete. Die zweite Phase, die in den achtziger Jahren einsetzte, sei dagegen etwas anderes: „Heute herrscht nicht so sehr die Komplementarität zur Kritischen Theorie vor, sondern ein Interesse an solide gebauten Theorien. Überraschend kam es für mich aber dennoch, dass ein so großes Interesse an meiner Theorie besteht." Luhmanns Fazit: „Ich finde, dass man mit dem Theoriekonzept der 'Frankfurter Schule', wenn es ein solches überhaupt gibt, wissenschaftlich nicht arbeiten kann. Das ist eine Position, die nicht kompliziert genug, nicht variantenreich genug ist. Die Kritische Theorie ist nicht kompliziert genug, um etwas anderes als ein protestierendes oder resignatives Verhalten zu provozieren." Klar: „Die Dinge in der Welt sind kompliziert", wusste schon Mao. Aber weil Marx *und* Coca Cola heute als uncool gelten und die Dummheit schon immer mehr zu letzterem tendierte, wurden die *Worte des Vorsitzenden Mao Tse-tung* (Peking 1967) dem Zeitgeist entsprechend durch *Niklas Luhmanns Short Cuts* (Frankfurt a.M. 2000) ersetzt. Herausgegeben von Heidi Paris, Peter Gente und

> *„Ich hätte nichts dagegen, dass man das Recht so ändert, dass Hausbesetzung legal wird, aber aus politischen Erwägungen Recht nicht zu vollstrecken, halte ich für nicht richtig."*
>
> Niklas Luhmann

Martin Weinmann. Käuflich in der Esoterik-Kette *Zweitausendeins*. Der Grund für die Sammlung ist weniger esoterisch als vielmehr sportiv – „Fit for Fun" eben. Die Herausgeber versprechen: „Nicht nur wenn er über Fußball schreibt, zaubert Niklas Luhmann mit der leggerezza von brasilianischen Ballartisten mit gewaltigen Konzepten: 'Selbstreferenz', 'Autopoiesis' und 'Komplexitätsreduktion' sind Denkgewichte, mit denen in der Wissenschaftsarena überall trainiert wird und über die es Tonnen von Sekundärliteratur gibt. Aber keiner zieht seine Fäden zwischen entferntesten Theoriesegmenten so schnörkellos wie der Spielmacher der Systemtheorie persönlich. Es ist besser, Luhmann selbst zu lesen. In *Short Cuts* hat er das Wissenschaftsstadion verlassen und kickt auf öffentlichen Plätzen." Recht so! Es ist besser, Luhmann selbst zu lesen. Aber besser als was? Besser als die Tonnen von Sekundärliteratur? Als ihn sich vorlesen zu lassen? Besser als selbst gegen den Ball zu treten? Und was hat der Zauberer bzw. Spielmacher Luhmann gewalt- und denkgewichtiges außerhalb der Arena bzw. des Stadions mit der leggerezza von brasilianischen Ballartisten über das runde Leder zu sagen? Etwa dass der Ball „rund" (Sepp Herberger), wenn nicht sogar ein „Sauhund" (Rudi Gutendorf) ist? Weit gefehlt! Luhmann beobachtet den Fußball durch die systemtheoretische Brille und entdeckt dabei ungeheuerliches: „Mehr als irgendeine andere Spezialität der Moderne eignet er sich dazu, die Einheit von Leichtigkeit und Schwere zu symbolisieren. Sein System hat keinen Zweck, aber es ist bistabil, man kann gewinnen und verlieren. Die Positionen auf dem Feld und auf der Tabelle wechseln ständig – auf Grund größter Anstrengung, aber dann doch irgendwie schnell und leicht. Der Marktwert ist kaum zu

> „Mein Hauptziel als Wissenschaftler ist die Verbesserung der soziologischen Beschreibung der Gesellschaft und nicht die Verbesserung der Gesellschaft. Das schließt natürlich nicht aus – und das wird oft übersehen –, dass man als ein anderer auftritt, wenn man am politischen oder am kirchlichen Leben oder auch an künstlerischen Veranstaltungen teilnimmt. In einem anderen Rollenzusammenhang verhält man sich auch anders."
> Niklas Luhmann

überschätzen, man kann nicht nur die Bälle kaufen, sondern auch die Spieler. Aber die Zuschauer können sich mit dem Gewicht ihrer nationalen Gefühle, ihre Fans sogar mit dem Gewicht ihrer Körper engagieren. Der Ball fliegt durch die Luft – und fällt zu Boden, und auch die Fotografen haben einen Sinn dafür. Sie fotografieren die Spieler gern ohne Bodenberührung in der Luft oder am Boden liegend, laufend oder ineinander verhakt, so als ob es gälte, das Symbol Fußball mit seinen beiden Seiten zu präsentieren: mit Leichtigkeit und Schwere. Und schließlich symbolisiert die Rundheit des Balles genau das: Leichtigkeit und Schwere in einem."

> *„Die Alternative zwischen Affirmation oder Kritik ist einfach keine sinnvolle Alternative. Kritik erfordert Affirmation, wenn man das so hart sagen will."*
> Niklas Luhmann

Die Dummheit spricht: So ist's. Und ein Spiel dauert neunzig Minuten. Den Herausgebern freilich geht es um mehr als systemtheoretisches Gekicke. Die ausgewählten *Short Cuts* nämlich seien keineswegs als geschlossene Werke zu betrachten, sondern wollen „Ansätze, Hypothesen, Gedankenblitze und Querpeilungen" sein. Foucault missbrauchend, muss zur Begründung der Auswahl die bereits klassisch gewordene „Werkzeugkiste" herhalten: „Der Komplexität der Welt kommt nur ein bewegliches Denken bei. Ein Denken, das sich fremde Denkräume und Wahrnehmungen erschließen und sich anderen Denkstilen anverwandeln kann. Wie aus einer Werkzeugkiste: Holen Sie sich heraus, womit Sie etwas anfangen können." Aber was nimmt man aus einer Werkzeugkiste, die leer ist? Einen guten Rat? „Die Friedensbewegung", lautet ein typisch Luhmannscher short cut, „ist mir zu kriegsnah, zu kriegerisch, wenn ich das so sagen darf. Die Friedensbewegung arbeitet mit Prämissen, von denen ich nicht sehe, dass sie friedensfördernd sind. Ich sehe beispielsweise nicht, dass Abrüstungspolitik friedensfördernd sein könnte." An anderer Stelle heißt es pazifistisch und distanziert: „Mein Ziel ist, das geläufige Verständnis von Kommunikation zu kritisieren und ihm eine andersartige Variante an die Seite zu stellen. Bevor ich damit beginne, sind aber einige

Bemerkungen über den wissenschaftlichen Kontext angebracht, in dem dieses Manöver vollzogen werden soll." Denkgewichtiges Fazit: „In den sechziger Jahren habe ich eher mit der SPD, insbesondere der Arbeitsgemeinschaft Sozialdemokratischer Juristen, Kontakt gehabt, später dann eher mit der CDU. Prinzipiell bin ich der Meinung, dass man sich politisch stets aufgeschlossen und zur Mitarbeit bereit verhalten sollte." Die Dummheit spricht: So soll es sein. Jedem das seine. Nach dem Spiel ist vor dem Spiel. Die Wahrheit ist irgendwo da draußen. Und Luhmann ist überall.

Anzeige

Wir fordern zwei, drei, viele
Denkmäler für Niklas Luhmann

Warum? Na, weil er's wert ist!
Und gut aussehen würde in der Landschaft!

Das Luhmann-Denkmal-Komitee
(LDK)

Jörg Berendsen, Hauke Brunkhorst, Martin Büsser, Marvin Chlada, Jenny Elvers, Rainald Goetz, Dixon Hill, Bernd Kalus, Claudia Klassen, Mao Hase, Xaver Neid, Andreas Postrach, Gunnar Schedel, Claudia Schmid, Tanja Seger, Karsten Ullein sowie tausend weitere Luhmannianerinnen und Luhmannianer, Luhmannistinnen und Luhmannisten, Luhmannologinnen und Luhmannologen, die der Meinung sind, dass man sich politisch stets aufgeschlossen und zur Mitarbeit bereit verhalten sollte.

(Aus- und Eintritt ins LDK jederzeit möglich)

Clara und Paul Reinsdorf
Die Grinsebacke
Ein Lama spukt durch die Weltgeschichte

Das einzig Außergewöhnliche an der Karriere des Dalai Lama ist die Tatsache, dass ihn nicht die Medien erfunden haben. Er war da, lange bevor seine Rolle im Mattscheibentheater geschrieben wurde. Als er 1989 den Friedensnobelpreis bekam, blickte der Mann bereits auf eine Biographie von mehreren Jahrhunderten zurück. Sie datiert bis ins Jahr 1578, als der Ehrentitel erstmals einem tibetischen Obermönch verliehen wurde. Da sich der frisch zum Dalai Lama beförderte Feudalherrscher aber gleich zum dritten seiner Art ernannte, muss der erste Dalai Lama lange zuvor und zudem von sich selbst unbemerkt die Bühne der Weltgeschichte betreten haben. Seither wird das Oberhaupt der buddhistischen Sekte der Gelbmützen alle Nas lang wiedergeboren, zuletzt 1935 als Lhamo Dhöndup, bekannt als 14. Dalai Lama. Anstatt nun die gelbe Mütze als Narrenkappe zu verstehen und Seine Heiligkeit anlässlich ihres 411. Geburtstages in den offenen Vollzug einer psychiatrischen Klinik oder doch wenigstens in eine Karnevalsgarde zu stecken, wurde unser ewig grinsender Wiedergänger nach Oslo chauffiert und der entzückten Welt als ultimativer Friedensengel präsentiert.

Welche pazifistischen Verdienste hatte der kahlgeschorene Klosterschulzögling vorzuweisen? Keine. Im Gegenteil, in seiner 1962 erschienenen Autobiographie und auch in späteren Werken ist seitenweise die Begeisterung des Dalai Lama über erfolgreiche Angriffe der tibetischen Guerilla auf chinesische Truppen nachzulesen. Die Begründung des Nobelpreiskomitees, der Gottkönig habe sich „beim Kampf zur Befreiung Tibets konsequent der Anwendung von Gewalt widersetzt", war der Startschuss für eine Kamarilla aus konservativen und esoterischen Medien, diesen zur Lichtgestalt schlechthin aufzubauen. Auch den Chefetagen der real existierenden Demokratien kam ein tibetischer Friedensfürst gerade recht, war man mit der Verleihung des Nobelpreises an ihn doch die Verpflichtung los, dem Massaker auf dem Platz des Himmlischen Friedens etwas entgegenzusetzen (und konnte sich fortan wieder der Pflege der wirtschaftlichen Beziehungen zu China widmen).

Gezielt wurde der Dalai Lama als Projektionsfigur aufgebaut, die dem von Soziologen *patchwork identity* genannten Phänomen Rechnung trug und deshalb alle nur erdenklichen positiven Eigenschaften in sich vereinte: gewaltfrei in seinem Widerstand gegen den „chinesischen Imperialismus", ein Ozean der Weisheit, ein Vorkämpfer für die Rechte der Frau, so lebt er sanftmütig, bedürfnislos und bescheiden im Einklang mit der Natur, ein geliebter Führer seines Volkes... kurz, ein echt geiler Superheld, der für jeden und jede eine Identifikationsmöglichkeit bietet. Und ein Chor der Enthusiasmierten von hartgesottenen Antikommunisten bis zu mittlerweile erleuchteten Altachtundsechzigern, von ennuyierten Zahnarztgattinnen bis zu alternativreisenden Weltenbummlern singt das Loblied des letzten, des einzigen guten Menschen. In ihrer Begeisterung, endlich wieder risiko- und hemmungslos zu jemandem aufblicken zu dürfen, sieht des Lamas Anhängerschaft gerne darüber hinweg, dass einige seiner zur Schau getragenen Charaktereigenschaften offensichtlich nicht zusammenpassen, einige seiner Rollen sich widersprechen. Kein einziges Fragezeichen beginnt vor dem geistigen Auge der vom Karma der Gelbmütze Berauschten zu tanzen. Die Fähigkeit, Widersprüche produktiv zu nutzen und zum Ausgangspunkt kritischen Nachdenkens zu nehmen, ist ihnen im esoterischen Nebel abhanden gekommen.

Nicht nur die Wege des HErrn scheinen unergründlich, auch die Reden des Gottkönigs entziehen sich der menschlichen Logik. Doch wer genügend abbekommen hat vom Weistum Seiner Heiligkeit, findet auch Erklärungen. Könnte der Friedensnobelpreisträger nicht falsch zitiert worden sein, als in der indischen Presse zu lesen war, dass er die Atombombenversuche seines Gastgeberlandes sehr wohlwollend beurteile? Könnte nicht eine Verschwörung der Übersetzungszunft dafür verantwortlich sein, dass aus dem Ozean der Weisheit mehr philosophische Stilblüten („So wie es uns möglich war, aus der Tatsache der bedingten Entstehung herzuleiten, daß die Dinge leer sind, ist es möglich, die bedingte Entstehung aus der Tatsache heraus zu verstehen, dass die Dinge leer sind.") als sinnvolle Sätze herausgefischt werden können? Ja, könnte es nicht vielleicht sogar die bedeutendste Leistung des Dalai Lama sein, Widersprüche widerspruchsfrei in sich zu integrieren? Ist letztlich nicht alles eine Frage, auf welcher Bewusstseinsebene wir uns bewegen? Dann löst sich alles auf, wie Honig in der heißen Milch. Ommm.

Wer sich den Gelbmützenhäuptling als Identifikationsfigur ausgesucht hat, steht auf der richtigen Seite und findet in ihm zugleich das Tor zu höheren Erkenntnissen. Mit solchem Leistungsangebot war dem Dalai Lama in der Heiligen-Hitliste bereits ein Platz unter den Top Ten gesichert, den Sprung an die Spitze bescherte dann die uneingeschränkte Kompatibilität mit der Spaßgesellschaft. Denn H. H. (sprich Äidsch Äidsch), wie *His Holiness* von seiner Anhängerschaft gerne genannt wird, vermittelt nicht nur das Gefühl, in Maßen gut & weise zu sein, er hat es auch geschafft, den Eindruck zu erwecken, dies sei quasi ohne Anstrengung möglich.

Oder vielleicht besser: Aufgrund des in vergangenen Leben angehäuften Karmas ist der menschliche Werdegang so weitgehend vorbestimmt, dass es ohnehin illusorisch ist, gestaltend in die Welt einzugreifen. Wer hat, der hat – und wer nichts hat, hat in der letzten Inkarnation wahrscheinlich als Kinderschänder oder vaterlandsloser Geselle sein Unwesen getrieben. Den immer gut gelaunten Gottkönig als wahren Menschheitsführer erkannt zu haben, ist jedenfalls ausreichender Beleg für gutes Karma, das seinerseits dazu legitimiert, sich gut zu fühlen und sich weise vorzukommen.

Und so sind die Auftrittsmöglichkeiten des bedeutendsten aller Lamas fast unbegrenzt. Ob als Gottkönig vor seinen Untertanen oder als Tantra-Clown auf einer Esoterikmesse, ob als Friedensnobelpreisträger bei einem Staatsempfang oder als *running gag* bei Stefan Raab – immer findet er sein Publikum, das bemüht ist, etwas von seiner Ausstrahlung zu erhaschen. Das müssen wir nun ertragen, bis es irgendwann mal wieder heißt: Der Dalai Lama ist tot, es lebe seine Reinkarnation.

Johannes Finke
Universum Schlingensief:
Prophet des Scheiterns und Störens
Ein bisschen über die Philosophie des Christoph Schlingensief und ein paar Zitate zum Thema und auch nicht

> *"Irrtum wäre es, wollte man behaupten, dass das Glück zwangsläufig der Entdeckung des Absurden entspringe. Wohl kommt es vor, dass das Gefühl des Absurden dem Glück entspringt."*
>
> Albert Camus

Christoph Schlingensief, 1986 erster Aufnahmeleiter der *Lindenstraße*, ist Filmemacher und unter anderem verantwortlich für Filme, die so mitreißende Titel tragen wie *Tunguska, Das deutsche Kettensägen-Massaker, Terror 2000* oder *Die 120 Tage von Bottrop*. Schlingensief ist auch Theatermacher, seine Stücke heißen dann *Bringt mir Adolf Hitlers Kopf!* oder *Berliner Republik*. Zuweilen inszeniert er am Theater 'verrückte' Dinge wie 'Kameradschaftsabende' – „Bald ist es wirklich so weit, dass sich die Fans von Christoph Schlingensief verhalten werden wie Wagnerianer, die gerade die 150. Aufführung des 'Ring' gesehen haben und sich nur noch über Unterschiede in den Tempi oder den Klangfarben unterhalten können, natürlich mit für Außenstehende schwer verständlicher Begeisterung." (*Berliner Zeitung*, 24.11.1999) – oder das Pornofilm-Casting im Rahmen von 'seven x', natürlich mit der dicksten Nutte Berlins Molly Luft und natürlich mit Axel Silber und seinem begnadeten Intermezzo unterhalb der Gürtellinie.

Schlingensief, „ein Künstler, der in seinen Projekten die Peinlichkeit zum Stil, die Provokation zum Inhalt und die Panne zur Katharsis erhebt und sich auf professionelle Weise stets so persönlich gibt, dass er in der mehr und mehr dem Privatismus zuneigenden, sich aber noch immer als kritisch begreifenden Öffentlichkeit aufgeht, als hätte sie ihn erfunden" (TAZ, 13.12.1999), ist auch Politikmacher, seine Partei (und das 'seine' kann man wörtlich nehmen) hieß „Chance 2000" oder anders „Partei der letzten Chance" und funktionierte ungefähr so: „Das Unternehmen ist so angelegt, dass man nur ironisch darüber sprechen kann, während gleichzeitig alles ernst gemeint sein muss. Auf diese Weise entsteht (anders als bei reiner Satire) ein Prozess, in dem sich Aussagen, Programme, Selbstdarstellungen und -inszenierungen fortwährend konstituieren und dekonstituieren. Das ganze, u. a. von (...) finanzierte (...) Projekt ist dabei weniger eine intellektuelle 'Dekonstruktionsmaschine' (Robert Ohrt), als eine effiziente soziale Versuchsanordnung, die anstelle von instrumentalisierbaren Programmen 'produktive Störungen' in die 'perfekten Inszenierungen' von Medien und Politik hineinträgt" (Irene Albers).

Begleitet von einer Welle von Sympathiebekundungen („Alle wünschen ihm viel Glück bei seinen tollen kunstpolitischen Aktionen", ultimative TAZ-Lobhudelei, 12.6.1998) machte diese Partei, mittlerweile mit mehreren, teilweise sehr selbstständigen Landesverbänden, Furore im Wahlkampfjahr 1998 und den Apothekersohn Schlingensief einem breiteren Publikum bekannt. Seine Schäfchen vermehrten sich rege. Schlingensief ist seitdem schick und trendy, das fanden Heiligenabeter genauso wie die neuen Heiligen selbst: die *Fantastischen 4* in Stuttgart, der Harald Schmidt bei SAT.1 oder Wolfgang Joop in Monte Carlo. „Auf Kreuzberger Parties spricht man über den Schriftsteller Rainald Goetz und den Regisseur und Parteivorsitzenden Christoph Schlingensief und die Plakate der *Lemonbabies*, die an allen Berliner Straßen hängen und für ihre neue CD *Porno* werben." (ultimative TAZ-Lobhudelei, 12.6.1998). Natürlich sprach man auf Parties auch über Reprazent Roni Size, den Weltfrieden, das Wetter, über Theater aus England, The Big Lebowsky und über Sex, Drogen und die Steuererklärung. Mittlerweile war Schlingensief bei *Christiansen* und in der *Max* und sonst überall auch. Zu solch jüngsten Entwicklungen zählt auch das blonde Multi-Talent Jenny Elvers, die sich unlängst zu der Aussage hinreißen ließ: „Der Schlingensief denkt wie ich."

Der in Oberhausen geborene Künstler, der auch schon mal zu profanen Einsichten gelangt, wie zum Beispiel „Je müder ich bin, desto mehr Chancen hab' ich bei Frauen auf der Straße" (RTL, *Prime Time*), hat, neben dem Polemisieren und allgemeiner Präsenz, dabei 'Das Scheitern', speziell das eigene Scheitern, und 'Das Stören' auf seine Fahnen geschrieben und zuweilen glaubhaft ausgeschlachtet. Er hat unzweifelhaft viel Charme, strahlt diesen auch bewusst aus, weiß genau wann, wo und warum. Er ist sehr umtriebig, ab und an leidenschaftlich selbstzerstörerisch, inszeniert sich gelegentlich messianisch, verpasst Absurdität einen Rahmen, sprengt diesen aber im nächsten Augenblick. Dem Chaos einen Namen geben, es damit vielleicht erträglicher zu machen? Oder verständlicher? Sich opfern? Das alte Spiel von dem, der sich stellvertretend für Alle immer wieder zum Affen macht? „Oder ist es einfach der komische, tatsächlich an Pfadfinder- und Pastoren-Philanthropie erinnernde Charme des Hauptdarstellers, der eigentlich immer offen lässt, ob er als Diktator alles unter Kontrolle hat oder selber völlig überrumpelt und kindlich erfreut ist von dem ganzen Unsinn, den er wieder mal verzapft hat?" (*Die Zeit*, 16.4.1998)

Ob im Großen oder Kleinen, Schlingensief zieht es in den letzten Jahren immer mehr in die Öffentlichkeit. Neben dem Fernsehen (*Talk 2000*) hat er dabei auch das Internet entdeckt. Bei seiner an die Fernsehshow *Big Brother* angelehnten Aktion „Ausländer Raus!" in Wien (2000), die über in dem mit geschauspielerten Asyl-Bewerbern bewohnten Container installierten Webcams weltweit zu verfolgen war, wurde per E-Vote 'rausgewählt'. Das Prinzip war klar: Der Aktualität zu Haider wurde mit der Zlatkoisierung noch einer draufgesetzt. Hat viel Aufsehen erregt. Ebenso wie das Führer-Double beim Opernball. Bei Suhrkamp ist ein dickes Buch darüber erschienen. Kann man auch über seine Homepage bestellen.

Vorläufiger Höhepunkt ist die Präsenz Schlingensiefs beim marktführenden Musiksender, der erst unlängst zeigte, wie aktuell und neu er sein kann, als er beim Popliteraten Benjamin von Stuckrad-Barre sein Logo auf den Plakaten platzieren konnte: „Im Auftrag von MTV streift Christoph Schlingensief durch das Berliner U-Bahnnetz und trifft seine Gäste zu seiner neuen Spielshow *Schlingensiefs U3000*" (Pressemitteilung MTV). Schlingensief über seine Erleuchtung: „Die Idee kam mir vor gut zwei Jahren nachts als ich MTV sah. Sender wie WDR oder NDR waren nach meiner *Talk 2000*-Sendung zwar sehr interessiert an einer Übernahme, bekamen dann aber Bedenken als ich Bundeskanzlerkandidat meiner eigenen Partei *Chance 2000* geworden war. So etwas geht nicht! Also habe ich die Partei schön zuende gebracht, dann ein Jahr lang Theater und Aktionen gemacht und irgendwann im Januar den Programmdirektor (...) von MTV getroffen. (...) Ich mag MTV, weil der Sender sehr unkompliziert funktioniert. Außerdem bin ich jetzt 40 und da ist es für mich eine große Ehre, in diesem Kanal eine eigene Show zu haben. Wer kann das schon sagen." So einfach ist das. Und dann 'zieht' er 'das Ding durch': Promis, Preise, Peinlichkeiten. Und wer zusteigen wollte, musste sich die Karten im Vorverkauf an der Volksbühne ergattern.

Schlingensief kennt das Fernsehen nicht nur aus der Zeit seiner *Talk 2000*-Aufzeichnungen, wo wir noch die weinende Ingrid Steeger in Erinnerung haben und Udo Kier, wie er den Arbeitslosen zusingt: „Take the money and run!" – übrigens eine Aufforderung, der Christoph Schlingensief gerne nachgeht, betrachtet man nur die für seine Aktionen benötigten finanziellen Mittel. Er kennt das Fernsehen auch, weil er es sucht. Eine Frage zum Thema Fernsehen an Christoph Schlingensief anlässlich der Ausstrahlung seiner MTV-Show: „Sind sie Rudi Carell?" Antwort Schlingensief: „Wenn sie den frühen Carell meinen, dann ja! Ich habe die ganzen

> *„Wenn man Homer Glauben schenken will, war Sisyphos der weiseste und klügste unter den Sterblichen. Nach einer anderen Überlieferung jedoch betrieb er das Gewerbe eines Straßenräubers. Ich sehe darin keinen Widerspruch."*
> Albert Camus

Shows von Frankenfeld, Carell, Schönherr und Bach geliebt. Das sind familiäre Überlebenstechniken. Verarschen kann jeder, aber selber scheitern ist schwer. So ein Raab ist langweilig geworden. Ich sammel acht Folgen und helfe dem deutschen Fernsehen. Danach wird alles anders." Wie diese versprochene Hilfe aussieht, bleibt wie sonst auch im Verborgenen.

Und natürlich wird niemals alles anders, aber alles bleibt gleich; nur so soll es auch ablaufen. Jede Methodik, dem Ziel einer tatsächlichen Veränderung auch wirklich näherzukommen, wird gewissenhaft ausgeblendet. Letztendlich geben Schlingensiefianer sich mit den Umständen zufrieden, irgendwo im Spannungsfeld von Deutsche Bank-Stiftung, Volksbühne, MTV und Prenzlauer Berg ihr Unwesen treiben zu können. Und so lässt „Schlinge" trotz aller apokalyptisch angehauchten Untergangsvisionen von Chaos, Elend, Pornographie, Rassismus, Gewalt, Wagner in der Wüste und dem napoleonischen Führer im Zirkus dem modernen Menschen die Gewissheit, dass sich auf absehbare Zeit nichts verändern wird: Die Welt bleibt Welt, der Mensch bleibt Mensch, auch in verzwungener Revolte und in wiederkehrenden Rollen. Daran kann selbst der Selbstdarsteller Schlingensief nicht rütteln.

So bleibt eine mögliche bzw. beabsichtigte Veränderung bestehender Systeme, Missstände, Falschheiten und so weiter immer nur eine groteske Abbildung der eigenen Unzufriedenheit, des eigenen Gefühls von Unbehaglichkeit und des stets bleibenden Wissens um die Sterblichkeit, der geglückten und finalen Sozialisation von Mutter Natur, die zu imitieren nicht einfach zu sein scheint. Auch für Schlingensiefs Kunst gilt, ähnlich wie für den gescheiterten Hitparaden-Interpreten Joseph Beuys („Sonne statt Reagan"): „Der Künstler ist der Eingeweihte, der den Rezipienten den Schritt der Initiation voraus hat. Wesentlich wird es für ihn, dieses Defizit zu beheben." (M. Stiglegger, *Das Leben ist Schmerz*, Testcard #8). Aber genau daran scheitern zumeist die Bemühungen des Christoph Schlingensief und eventuelle Wirkung verpufft zu oft im Nichts. Doch Schlingensief versucht es immer wieder. Auch dieser Mythos ist tragisch, weil sein Held bewusst ist.

Martin Büsser
Spaßkritik
Die Anpassung der Intellektuellen an den Markt

Die vielbeschworene Spaßkultur beherrscht den Alltag. Noch ist kein Ende in Sicht. Hat der Weltgeist aufgegeben?

Wenn wir an offenkundige Spaßkultur denken, kommen uns allen momentan dieselben Namen in den Sinn, Harald Schmidt beispielsweise, Guildo Horn und Stefan Raab. Das sind (mit Ausnahme von Guildo Horn, der frei von jeglicher Ironie ist, komplett eindimensional und damit gewissermaßen harmlos, fast schon bedauernswert) pure Zyniker, niederschmetternd grinsende Gegner sämtlicher Weltverbesserei, die sich, dialektisch gesprochen, über die Spaßkultur in dem Maße lustig machen, in dem sie deren alles dominierende Verblödung noch zu toppen verstehen.

Beispiel Stefan Raab: Raab antwortet auf die Plattheit der Branche, in der er arbeitet, mit einer noch größeren Plattheit, mit geradezu kalkulierter Dummheit – diese allerdings als gegenüber Kritik erhabenem Spott in Szene gesetzt. Er antwortet auf das System von Schlager, Pop und Talkshow nicht in Form von Kritik (bei Helge Schneider zum Beispiel ist diese Kritik durchgängig vorhanden, so eindimensional kritiklos man ihn leider auch rezipieren kann), sondern er setzt dem Runtergekommenen lediglich etwas noch Runtergekommeneres entgegen. Das hat zur Folge, dass zwei Formen des Schwachsinns – in diesem Fall: traditioneller Schlager und „Blödel-Raab" – gegeneinander ausgespielt werden und einander aufwerten, überhaupt erst zu einer Frage von Qualität werden können, wo nie Qualität im Spiel gewesen ist. Die Gegner von Raab haben durch ihn die Möglichkeit erhalten, die Seriosität des alten Schlagers einzuklagen, was natürlich haarsträubend ist, da deutscher Schlager zu keiner Zeit seriös war, sondern immer und überall unseriös und auf schnell verdientes Geld aus. Dank Raab ist es allerdings so weit gekommen, dass plötzlich das Altbackene, alles, was immer schon Seriosität-Lüge am Geldverdienen war, alles, was immer schon CDU – und zwar Adenauer-CDU – am deutschen Schlager gewesen ist, schützenswert erscheint.

Diese Form der Spaßkultur spaltet, um es drastisch zu sagen, alleine noch zwischen der konservativen Unterhaltungskultur und einer neuen, in dieser Form erst seit den Neunzigern etablierten Proll-Kultur. Das Beklemmende an dieser Situation: Es gibt kein Drittes. Nur die Wahl zwischen Plüsch und Spitzendeckchen einerseits, Knisteranzug und Handy andererseits. Nur die Wahl zwischen Peter Alexander und Mundstuhl.

> *„Aber das wesentliche ist ja, dass diese Demokratie genannte Struktur alles, jeden Widerstand, verarbeiten kann und eigentlich alles essen kann. Sie kann alles essen und stärkt sich durch jede Opposition."*
> Heiner Müller

Bereits für die achtziger Jahre hat der Kunsthistoriker Otto K. Werckmeister in seinem Buch *Zitadellenkultur – die schöne Kunst des Untergangs in der Kultur der achtziger Jahre* festgestellt, dass die kritische und argumentative Kultur abgelöst wurde von einer Kulturform, die sich mit dem Untergang bestens zurechtgefunden hat, die also gegenüber den gegebenen gesellschaftlichen Verhältnissen kein Anderes mehr formuliert, sondern die in einer Ansammlung von starken Reizen, von emotional aufgeladenen Bildern, nur noch dem Schock huldigt und der aller Spaßkultur zugrunde liegenden Lebensmaxime, dass ja sowieso nichts zu ändern ist. Oder wie Ronald M. Schernikau in seinem Roman *Legende* schreibt: „Wir alle vergleichen ja nun ständig die wirklichkeit mit unserem ideal von ihr. Bei den meisten menschen siegt merkwürdigerweise die wirklichkeit." Was wir mit dem Siegeszug der Spaßkultur erlebt haben, ist genau dieser Sieg der so genannten Wirklichkeit über das Ideal – und damit einhergehend ein Zynismus, ein ständiger Beigeschmack von Bitterkeit darüber (siehe

Harald Schmidt), dass etwas anderes als das Gegebene niemandem mehr vorstellbar ist.

Es hat Zeiten gegeben, zu denen Teile der Popkultur (und Pop hat ja immer auch etwas mit Spaß zu tun, mit Verausgabung) ganz offen eine kritische Kultur gewesen sind, die etwas anderes als die gegebene Gesellschaft forderte und in ihrem Lebensvollzug einzulösen versuchte. Zwischen '68 und '73 war das der Fall und noch einmal verstärkt, als explosives Gemisch aus Hedonismus und Wut zugleich, bei Punk. Inzwischen aber ist vom Pop nur noch der Spaß geblieben und zugleich alle Kultur als Pop ausgeschrieben. Was früher einmal subkulturell als alternative Lebensform genutzt werden konnte, ist heute auf die bloße Oberfläche von Intensität reduziert. Das Intensive, also Bunte, Urlige und also Poppige, steht dabei nicht mehr für ein Anderes, ist all seiner utopischen Inhalte beraubt und zum ästhetischen Diktat geworden, das vorgibt, dass bereits die bestehende Gesellschaft die größtmöglichst erfüllte, lustvolle und erlebnisreiche ist. Mit dem Ergebnis, dass nichts mehr an der heutigen Popkultur für ein tatsächlich intensives Erleben taugt. Jegliches Gefühl an ihr ist abgestumpft, weil das Sinnliche hier nur noch selbstgenügsam sich selbst feiert und Kritik höchstens noch abgeschmackt darin besteht, sich gegenüber anderen Formen des Feierns ästhetisch abzugrenzen. Vor zwanzig Jahren mag es einmal Sinn gemacht haben, Pop als Strategie gegen eine verknorzte Hochkultur einzusetzen. Inzwischen, nachdem vom Pop nur noch seine modische Hülle geblieben ist, die längst auch alle Elemente der Hochkultur bestimmt, ist Pop dagegen eindeutig der Gegner geworden, die einmal kritisch gedachte Maske, mit der sich die Fratze des Kapitalismus nun freundlich zu tarnen versteht.

Ist die Scheiße noch zu toppen oder gibt es bereits gegenläufige Tendenzen?

Mir würden sofort gegenläufige Tendenzen einfallen, im Film beispielsweise die „Dogma"-Reihe oder die Tatsache, dass die Darstellerin eines wirklich kritischen Films, *Boys Don't Cry*, einen Oscar erhielt, was noch erstaunlicher ist als die allemal schon erstaunliche Tatsache, dass solche Filme überhaupt noch gedreht werden. Im sogenannten Pop fallen mir auf Deutschland bezogen Gruppen wie Surrogat und Knarf Rellöm ein, die einerseits an eine alte Punk/Wave-Ästhetik anknüpfen und andererseits sehr geschickt unsere kulturelle wie ökonomische Krise zu benennen verstehen. Andererseits wage ich mich nicht, solche gegenläufigen Tendenzen als Hoffnung zu deuten, denn ihre Wirkung ist absolut marginal. Wer es nicht mitbekommen will, also nicht wirklich aus einem Bedürfnis von Mangel heraus will, der bekommt das auch nicht mit.

„An all die Lügner, mit dem All-Eins-Scheiss, die Einheitssucher, mit Gott, der Welt oder der Nation. Euch kenn ich, scheiss auf die Eins! Die zwei oder mehr! Ein Hoch dem Missverständnis! Fehler is King! Halbheit rules!"

Knarf Rellöm

Die Stimme der Kritik ist zu einer „special interest"-Geschichte geworden, ist ihrerseits auf allen Gebieten eine Art Minderheiten- und Nischenkultur, zwar gerade noch Feuilleton-tauglich (dort auch schon weitgehend von Sloterdijk-Phantasmen verdrängt), mehr aber auch nicht.

Wir erleben momentan ein Paradox, das wohl nur mit der abgestumpften Trägheit der meisten Zeitgenossen zu erklären ist, damit zu erklären, dass sehr viele Menschen gar keine Tradition der Kritik mehr erfahren und also erlernt haben: Einerseits gibt es eine totale Unzufriedenheit gegenüber den politischen und vor allem ökonomischen Verhältnissen, der Kapitalismus tritt gerade in seine schärfste Phase sozialer Ungleichheit seit Ende des Zweiten Weltkriegs, währenddessen protestieren die Menschen jedoch nicht, sondern suchen Halt bei den Götzen der Kulturindustrie. Es ist sogar zu befürchten, dass die sich weiter zuspitzende ökonomische Lage gerade nicht zu einer Protestkultur führen wird, sondern im Gegenteil die Sehnsucht nach stabilen Werten fördert, nach Werten, deren ideologische Basis ich mir gar nicht ausmalen möchte. Wäre dem anders, um mal wieder ein Pop-Beispiel anzuführen, wären nicht *Pur*, sondern die *Goldenen Zitronen* in den Charts.

Dass es beispielsweise Ende der Siebziger zum weltweit wütenden Protest von Punk hat kommen können, lag daran, dass überall ein Bedürfnis danach zu spüren war, ein Bedürfnis, sich zu wehren. Vieles von Punk verbreitete sich über vergleichsweise schwer zugängliche Kanäle wie Fanzines – und doch konnte sich ein Lauffeuer entwickeln. Heute dagegen haben wir viel zuverlässigere Kanäle, aber die Stimmen einer kritischen Kultur versickern darin, weil das Bedürfnis nach ihnen nicht vorhanden ist. Auch die Gurus, die uns das Internet als anarchisches Medium gepriesen haben, müssen langsam feststellen, wie konterrevolutionär damit umgegangen wird. Was nützt die kritischste Kultur im Netz, wenn sie darin versickert? Am Ende wird das Netz dann doch nur für Geschäftsabwicklung und Pornos genutzt. So, wie die meisten Konsumenten derzeit konditioniert sind, braucht es kein Microsoft noch sonst einen eingreifenden Konzern, um den „anarchischen" Informationsfluss zu regulieren.

> „Ich spreche keinen Satz mehr zu Ende, ich höre die Worte nicht so, wie man sie ausspricht. Was ich noch zu sagen hätte, dauert eine Zigarettenfabrik..."
> Kristof Schreuf

Knappe Zusammenfassung der Frage: Es gibt sie, die gegenläufigen Tendenzen, aber sie sind längst nur noch kultureller Ausdruck einer kleinen, sehr intimen Familie von Wahlverwandten, ihre Rolle und vor allem Wirkung inmitten des Überschusses an Information ist verschwindend. Die neoliberale Taktik, einen Überschuss an Information zu erzeugen, wusste genau, wozu ein solcher Überschuss dient: Er erstickt die wenigen kritischen Stimmen im Klärschlamm der Daten.

Wie erklärst Du Dir die anpässlerische Doppelmoral vieler Intellektueller?

Wenn Du so fragst, will ich gleich zu Beginn ein Beispiel nennen, das auch für Euer Heiligen-Buch gilt: Der an sich verdienstvolle Verlag von Klaus Bittermann, die *Edition Tiamat*, war einmal angetreten, die Schriften von Guy Debord zu verlegen und ein Forum für Ideologiekritik und linke Theorie zu bieten. Weil Debord sich allerdings gerade mal wie Brotsuppe verkauft, behaupte ich einmal, wechselte der Verlag Schritt für Schritt von der Ideologiekritik zu verkäuflicher Zeitgeist-Kritik. Natürlich ist es möglich, Ideologiekritik auch in einem ironischen, satirisch empörten oder auch nur überheblich-spitzfindigen Verriss von irgendwelchen zum Glück vergänglichen TV- und Boulevard-Phänomenen zu packen; im Zuge der Spaßkultur als alles beherrschender kultureller Wahrnehmung sind wir damit aber so weit gekommen, dass sich die Kritik an der Unterhaltung ebenfalls wie Unterhaltung liest und sich damit so vergänglich, zeitgeistig macht wie das, über das sie da herzieht.

Insofern ist richtig, dass Spaßkultur den Alltag beherrscht, also selbst dort noch beherrscht, wo sie als Kritik an der Spaßkultur auftritt. Um diese Allmacht von Spaßkultur (die ja nichts anderes ist als Dominanz von Unterhaltung gegenüber Substanz, Kurzweil gegenüber langwieriger Reflexion) zu begreifen, muss man wohl erst einmal zwischen dem unterscheiden, was ganz offensichtlich als Spaßkultur auftritt, und dem, was dieser Spaßkultur etwas entgegenhalten will, aber rein ökonomisch gar nicht mehr anders kann, als ohnmächtig mit Spaß auf Spaß zu reagieren. Satire ist diesbezüglich auch zu einem Unding verkommen, Teil eines allumfassenden Spaßdiktats.

Pierre Bourdieu nennt das Versagen der Intellektuellen „Druck der Zensur interner und externer Mächte" und „Last der Konkurrenz" (in *Das Elend der Welt*), letztlich also auch eine perfide Falle der Ökonomie. Wenn beispielsweise alle Welt über *Big Brother* redet, bleibt auch dem (sowieso korrupten) Feuilleton, wie es meint, nichts anderes, als über *Big Brother* zu schreiben (und dabei meistens einen moralischen Sülz abzuliefern, der dem Ethikunterricht zehnte Klasse nahe kommt), weil die Logik der Kulturkritik sich längst nur noch darauf beschränkt, auf Phänomene der Kulturindustrie zu reagieren. Natürlich fragt sich an dieser Stelle, wer hier Macht über wen ausübt und sie missbraucht. Indem die Kulturkritik die Kulturindustrie für allmächtig erklärt und sie also andauernd thematisiert, verleiht sie ihr ja zugleich die unterstellte Macht.

Das Pop-Diktat, von dem auch die Intellektuellen befallen sind, ist der Zwang zur Kurzweil und die Sucht danach, gemocht zu werden: Alles soll sexy und begehrenswert sein und keiner, auch nicht der schärfste Kulturkritiker, möchte am Ende als unsexy und altbacken gelten. Das war vielleicht der größte, historisch aber verständliche Fehler, den Punk gemacht hat: Er hat die alten linken Kritiker als total hinterwäldlerisch und unsexy entlarvt. Die Scheinaffirmation von Punk (*Zurück zum Beton*, S.Y.P.H.) bestand darin, sich lieber die Produkte der Kulturindustrie reinzuziehen (und um deren Falschheit zugleich zu wissen), als so etwas wie Heinrich Böll zu lesen. Und obwohl die Punks darin recht hatten, dass Leute wie Böll eine einzige Katastrophe gewesen sind, führte ihre Ablehnung der falschen (weil auch ästhetisch abstoßenden) Kritik dazu, dass inzwischen sämtliche Kritik wie Design funktioniert. Natürlich haben die bärtigen Öko-Lehrer genervt, diese rübenfressenden Anthroposophen, die „aus bewusster Entscheidung heraus" keinen Fernseher besaßen. Gegen sie anzutreten, sie als vollkommene Trottel zu entlarven, war einmal sehr wichtig, geriet aber schnell außer Kontrolle: Die ästhetische Kritik am falschen Protest führte binnen kürzester Zeit dazu, dass Zeitschriften wie *Tempo* und *Wiener* entstanden sind, die Wegbereiter einer Lifestyle-Gesellschaft, bei der Kritik nur noch zu einer Frage des Stils geworden ist.

Welche Funktion haben die neuen Pop- und Medienheiligen im globalen Dorf?

Sie sind Integrationsfiguren, mit deren Hilfe man sich der eigenen Normalität und Dazugehörigkeit versichern kann. Solange Normalität und Dazugehörigkeit die höchsten Werte der Menschen darstellen, also lokal, national wie global noch immer die höchsten Werte sind, genügt selbst die inhaltsärmste Scheiße wie DJ Bobo und Dr. Motte, das Grundbedürfnis zu befriedigen. Bleiben also nur zwei Worte am Ende, die als Slogan meist verhallen oder ihrerseits gerne nur modisch aufgefasst und umgesetzt werden: *Werdet anders!*

Die Fragen stellte Marvin Chlada.

Nostra „Scratchy" Damus
Das Schweigen der Lämmle

Die letzte Prophezeiung des großen
französischen Arztes und Astrologen

Und die Menschen werden beichten einem schwäbischen Weibe,
Welches stampft mit den Füßen und redet wirres Zeuch.
Wie die Wölfin im Schafspelz wird sie sprechen und brechen.
Knopfdruck genügt – das rettet euch.

übersetzt von
Jean-Luc Dadache

Literaturtipps für entspannte Stunden

- **Agentenkollektiv:** *Härter noch als Kaltrauchen. Im Reich der Autonomen*, Duisburg 2000 (Bezug über www.agentenkollektiv.de)
- **Agentur Bilwet:** *Elektronische Einsamkeit. Was kommt, wenn der Spaß aufhört?*, Köln 1997
- **autonome a.f.r.i.k.a.-gruppe:** *Handbuch der Kommunikationsguerilla*, Hamburg/Berlin 1997
- **Roland Barthes:** *Mythen des Alltags*, Frankfurt a.M. 1964
- **Jean Baudrillard:** *Das Andere selbst*, Wien 1987
- **Jean Baudrillard:** *Requiem für die Medien*, in: Klaus Pias u. a.(Hrsg.): *Kursbuch Medienkultur. Die maßgeblichen Theorien von Brecht bis Baudrillard*, Stuttgart 1999, S. 279-300
- **Norbert Bolz / David Bosshart:** *Kult-Marketing. Die neuen Götter des Marktes*. München 1995
- **Dieter Bott / Marvin Chlada / Gerd Dembowski:** *Ball & Birne. Zur Kritik der herrschenden Fußballkultur*, Hamburg 1998
- **Ursula Kreft / Hans Uske:** *Schlanke Produktion – schlanker Staat – schlanke Menschen*, in: Annelie Buntenbach u. a. (Hrsg.): *Ruck-wärts in die Zukunft. Zur Ideologie des Neokonservatismus*, Duisburg 1998, S. 120-149
- **Martin Büsser:** *Antipop*, Mainz 1998
- **Noam Chomsky:** *Warum die Mainstreammedien „Mainstream" sind*, in: ders.: *Die politische Ökonomie der Menschenrechte. Politische Essays und Interviews*, Grafenau 2000, S. 126-138
- **Critical Art Ensemble:** *Elektronischer Widerstand*, Wien 2000
- **Gilles Deleuze / Michel Foucault:** *Die Intellektuellen und die Macht*, in: dies.: *Der Faden ist gerissen*, Berlin 1977, S. 86-100
- **Thomas Ebermann / Rainer Trampert:** *Die Offenbarung der Propheten. Über die Sanierung des Kapitalismus, die Verwandlung linker Theorie in Esoterik, Bockgesänge und Zivilgesellschaft*, Hamburg 1995
- **Umberto Eco:** *Derrick oder Die Leidenschaft für das Mittelmaß*, München 2000

Spaßkritik

- **Jürgen Elsässer:** *Kriegsverbrechen. Die tödlichen Lügen der Bundesregierung und ihre Opfer im Kosovo-Konflikt*, Hamburg 2001
- **Johannes Finke / Matthias Wulf** (Hrsg.): *Chance 2000 – Die Dokumentation. Phänomen, Materialien, Chronologie*, Neuweiler/Agenbach 1999
- **Félix Guattari:** *Die drei Ökologien*, Wien 1994
- **Colin Goldner:** *Dalai Lama. Fall eines Gottkönigs*, Aschaffenburg 1999
- **Hegemann, Carl** (Hrsg.): *Glück ohne Ende. Kapitalismus und Depression II*, Berlin 2000
- **Max Horkheimer / Theodor W. Adorno:** *Dialektik der Aufklärung. Philosophische Fragmente*, Frankfurt a.M. 2000
- **Lovink, Geert:** *Hör zu – oder stirb! Fragmente einer Theorie der souveränen Medien*, Berlin/Amsterdam 1992
- **Niklas Luhmann:** *Die Realität der Massenmedien*, Opladen 1996
- **Mao Tse-tung:** *Worte des Vorsitzenden Mao Tse-tung*, Peking 1967
- **Marshall Mc Luhan / Bruce R. Powers:** *The Global Village. Der Weg der Mediengesellschaft in das 21. Jahrhundert*, Paderborn 1995
- **Mario Mentrup** (Hrsg.): *Bubizin / Mädizin*, Berlin 1994
- **Oskar Negt / Alexander Kluge:** *Öffentlichkeit und Erfahrung. Zur Organisationsanalyse von bürgerlicher und proletarischer Öffentlichkeit*, Frankfurt a.M. 1972
- **Georg Seeßlen:** *Orgasmus und Alltag. Kreuz- und Querzüge durch den medialen Mainstream*, Hamburg 2000
- **Richard Sennett:** *Der flexible Mensch. Die Kultur des neuen Kapitalismus*, Berlin 2000
- **Christoph Spehr:** *Die Aliens sind unter uns! Herrschaft und Befreiung im demokratischen Zeitalter*, München 1999
- **Paul Virilio:** *Information und Apokalypse. Die Strategie der Täuschung*, München/Wien 2000
- **Rayk Wieland** (Hrsg.): *The Neurose of England. Massen, Medien, Mythen nach dem Tod von Lady Di*, Hamburg 1998
- **Roger Willemsen:** *Bild dir meine Meinung. Kritisches und Polemisches*, Berlin 1999
- **Slavoj Zizek:** *Die Pest der Phantasmen. Die Effizienz des Phantasmatischen in den neuen Medien*, Wien 1997

Autoren und Gesprächspartner

Jörg Berendsen, geb. 1969, lebt, trommelt und schreibt in Duisburg. Zuletzt erschienen: *Tausend Tüten. Das postmoderne Kiffen* (zus. mit Marvin Chlada, Ventil: Mainz 2000) und *Sex über 40* (zus. mit Marvin Chlada, Tomus: München 2000)

Martin Büsser, geb. 1969, lebt und schreibt in Mainz. Zuletzt u. a. erschienen: *Lustmord – Mordlust. Das Sexualverbrechen als ästhetisches Sujet im 20. Jahrhundert* (Ventil: Mainz 2000) und *Popmusik* (Rotbuch: Berlin 2000)

Marvin Chlada, geb. 1970, lebt und schreibt in Duisburg und Esslingen am Neckar. Zuletzt u. a. erschienen: *Das Universum des Gilles Deleuze. Eine Einführung* (Alibri: Aschaffenburg 2000) und *Elektronischer Maoismus* (zus. mit Bernd Kalus, Trikont: Duisburg 2001).

Nostra „Scratchy" Damus (d. i. Michel de Notredame), geb. 1503, musizierte und verarztete im schönen Frankreich, diente Karl IX. als Lustknabe und hinterließ eine Sammlung von vierzeiligen Weissagungen (sog. Quatrains) unter dem Titel *Centuries* (1555). Seine legendären drei- bis sechszeiligen Pop-Prophezeiungen wurden erst in den 90er Jahren des letzten Jahrhunderts entdeckt. Nostra „Scratchy" Damus starb 1566 in Salon bei Aix-en-Provence.

Gerd Dembowski, geb. 1972, lebt und schreibt in Berlin. Zuletzt u. a. erschienen: *Das zerbrochene Fenster. Hools und Nazi-Skins zwischen Konsumterror, Repression und Sozialfeuerwehr* (zus. mit Andreas Buderus und Jürgen Scheidle, Pahl-Rugenstein: Bonn 2001) und *Im Revier der Zebras. Die Geschichte des MSV Duisburg* (zus. mit Dirk Piesczek und Jörg Riederer, Werkstatt: Rastedde 2001).

Johannes Finke, geb. 1974, Studium unter anderem der Philosophie in Freiburg, Dichter und Verleger. Zuletzt u. a. erschienen der viel diskutierte Lyrik-Band *Sex mit Monika Kruse oder Stell' Dir vor es ist Pop und keiner geht hin!* und *Chance 2000 – Die Dokumentation* (Hrsg., zus. mit M. Wulff, Lautsprecher: Neuweiler 1999).

Marc Oliver Hänig, geb. 1971, leibt und lebt in Duisburg als Sportreporter, Kinokritiker und Kolumnist. Seine Periodika *Was weiland die Welt bewegte* (Cocktail) und *Frank & Frey* (Unicum) reflektieren den Dreck, an dem unsere Gesellschaft noch ersticken wird.

Stefan Heinzmann, geb. 1971, lebt in Esslingen/Neckar und Heidelberg. Arbeiten über Marx, Nietzsche, Fromm und Heidegger.

Frank Ilschner (Rheinberg), geb. 1966, Musiker (Band: Matuyama); Texter, freier Autor, studiert Anglistik, Philosophie und Geographie in Duisburg.

Marcus S. Kleiner, geb. 1973, Mitherausgeber des Kulturbuches *quadratur* (www.quadratur-online.de) und Mitbegründer des FKO-Verlags (Duisburg/Köln). Arbeitet an einer Dissertation über die mediale Konstruktion sozialer Wirklichkeit. Zuletzt u. a. erschienen: *Im Bann von Endlichkeit und Einsamkeit? Der Tod in der Existenzphilosophie und der Moderne* (Die Blaue Eule: Essen 2000) und *Michel Foucault. Eine Einführung in sein Denken* (Hrsg., Campus Verlag: Frankfurt a.M./New York 2001).

Clara und Paul Reinsdorf forschen und schreiben am Ufer des bayerischen Untermains. Zuletzt erschienen: *Zensur im Namen des Herrn. Zur Anatomie des Gotteslästerungsparagraphen* (Alibri: Aschaffenburg 1997)

Gunnar Schedel, geb. 1964, lebt, schreibt und verlegt in und um Aschaffenburg und ist Redaktionsmitglied der Zeitschrift *MIZ - Materialien und Informationen zur Zeit. Politisches Magazin für Konfessionslose und AtheistInnen.*

Michael Schmidt-Salomon, geb. 1967, lebt, musiziert und schreibt in Trier. 1994 wurde seine Religionssatire *Das Maria-Syndrom* unter Verwendung des so genannten „Gotteslästerungsparagraphen" 166 StGB verboten. Zur Zeit arbeitet er an seiner Habilitation (*Die Entzauberung des Menschen*), einem Roman (*Stollbergs Inferno*) und der „hanfistischen Weltrevolution", die er mit Hilfe der „linkssentimentalen" Musik-Guerilla *Kommando Hanf Baumann* auslösen möchte. Zuletzt u. a. erschienen: *Erkenntnis aus Engagement. Grundlegungen zu einer Theorie der Neomoderne* (Alibri: Aschaffenburg 2000).

Joerg Zboralski, genannt *Zappo,* geb. 1967, freier Künstler, lebt und arbeitet in Duisburg.

Noch mehr Heilige? Aber ja!

Reportagen aus dem Medien-Himmel
Band 1: Jürgen Domian, Verona Feldbusch, Teletubbies und andere Simulationen

TV-Heilige
Literatur-Heilige
Politik-Heilige

170 Seiten, Abbildungen, kartoniert, DM 25.-
ISBN 3-932710-27-4

Busen und Buddhismus Dolly Buster, Medienfrau / **Der Beichtvater** St. Domian oder Der röhrende Hirsch / **Big Brotherfucker** / **Popper- und Poserliteratur** Benjamin von Stuckrad-Barre, Christian Kracht & Co. / **Kniefall vor dem Präsidenten** Bill Clintons Lümmel oder Blasen in der neuen Weltordnung / **Mein Gott, Joschka** *und viele andere Überraschungen!*

Marvin Chlada (Hrsg.)
Das Universum des Gilles Deleuze. Eine Einführung
ISBN 3-932710-22-3, 208 Seiten, zahlreiche Abbildungen, kartoniert, DM 28.-

Marvin Chlada / Gerd Dembowski (Hrsg.)
Das Foucaultsche Labyrinth. Eine Einführung
ISBN 3-932710-32-0, ca. 200 Seiten, Abbildungen, kartoniert, ca. DM 28.-

Marvin Chlada / Marcus S. Kleiner
Klangmaschine
ISBN 3-932710-37-1, 150 Seiten, Abbildungen, kartoniert, DM 25.-

Eine umfassende Auseinandersetzung mit Pop- und Medienkultur, Soundculture und dem Diskurs der Postmoderne – ein kulturkritisches Gesamtkunstwerk.